頭がいい人の脳の使い方

会長

あさ出版

＊○の数が０～１個の人

素晴らしいです。脳を上手に使いこなすことができています。このまま、自分の可能性を最大限に引き出し、人生を堪能してください。

＊○の数が２～４個の人

脳を意識的に活用できているようですが、まだまだ力を引き出すことができます。より効果的に脳を活用できるよう、コツを押さえておくとよいでしょう。

＊○の数が５～７個の人

脳本来の力を活かすところまで至っていません。本書で脳の正しい使い方のコツを知り、その力を引き出し、自分の可能性をより高めましょう。

＊○の数が８～１０個の人

残念ながら、あまりうまく脳を使うことができていないようです。脳は使わないとどんどんサビてしまいます。間違った思い込みや心のブレーキを外して、本来の力を導き出しましょう。

CHECK!

あなたはどれくらい、脳を上手に活用できていますか？

次の 10 個のうち、 あなたに当てはまるものを選んで、 番号を○で囲んでください。

1 最近、記憶力に自信がなくなってきた

2 勉強が不得意。学生時代の成績もあまりよくなかった

3 同僚、 友人たちとの会話についていけていない（劣っているように感じる）

4 AI など、 新しいことや仕組みがなかなか頭に入ってこない

5 目標を達成できる能力がないから人生がうまくいっていない

6 読んだ本や記事の内容をすぐに忘れてしまう

7 「仕事の手際が悪い」 と、 人から注意を受けたり、自分でも感じたりする

8 将来、認知症になってしまうのではないかと心配だ

9 物忘れが多い（人や物の名前が出てこないことがよくある）

10 頭の悪さは遺伝だからあきらめている

いかがだったでしょうか?
右ページで、 あなたが○をつけた数に当てはまるものを確認し、
今、 どれだけ脳を活用できているか、 把握しましょう。

はじめに

自分の「脳」に自信がありますか？

「あなたは自分の脳や記憶力について、１００点満点で何点をつけますか？」

これは、私が記憶法のレクチャーをする時に、参加者の方に投げかける質問です。

すると大多数の方が、ちょっと考えてから50点以下の点数を答えます。10点や20点、なかには０点と答える人も少なくありません。

なぜ、そんな低い点数をつけたのか。その理由を尋ねると、

「学生時代に勉強してもなかなか頭に入らなかった」

「勉強している時間がとても苦痛だった」

「志望校に合格できなかった」

など、自分の人生の中で起こった失敗やうまくいかなかったことを次々と挙げられ

ます。理由を話しながら、「やっぱり、もっと低いかも」と、さらに点数を下げようとする方もいます。質問を受けて、「何点？　どうだろう？」と自分を振り返ったことで、脳にまつわる嫌な記憶を思い出してしまい、自信を失ってしまうようです。

これは、嫌な経験、ショックを受けたことのほうが強く記憶に残るという、人が持つ性質も影響していますが、そもそも自分の頭や脳に自信を持っている人が少ないことが起因しているように感じます。

「頭がいい・悪い」とは、いったい、どういうことなのでしょうか。

私は、自身で開発した「アクティブ・ブレイン・プログラム（以下、「アクティブメソッド」）」という脳の活性化メソッドを用いて、15年以上、子どもから大人まで多くの人々に脳の使い方を教えています。

その中で、「頭がいい・悪い」は、「頭の正しい使い方を知っているかどうか」、そして、「自分の心を正しく目標に向けることができるかどうか」によることがわかってきました。

つまり、頭のいい人は、脳の使い方が上手なのです。

本書では、このことを踏まえ、勉強や仕事などの課題に取り組むうえで、より効率的に、より効果的に脳を使う方法を紹介しています。

さて、本題に入る前に、少し自己紹介をさせてください。

私は、大学卒業後、経営の神様、松下幸之助翁の人間学に魅了され、松下政経塾に入塾。その後、「松下幸之助の成功哲学を世の中に広めよう！」と、27歳の時に人間教育の会社を設立し、以来30年以上にわたり、多数の企業、団体で研修や講演を続けています。

本書でも紹介している「アクティブメソッド」を開発したきっかけは、2003年に、福岡県の高校で先生方にリーダーシップのトレーニングをした際、懇親会の席で出た質問でした。

「最近の子どもたちは、勉強するのが苦手です。頭がよくなる方法はないものでしょうか?」

先生方からの問いかけに対して、私はお酒が入っていたこともあり、つい勢いに任せて、「そんなの簡単ですよ!」と答えてしまったのです。

なぜ、そんなことを言ったのか。

実は今でこそ、こうして本を書かせていただいたり、企業研修や講演をさせていただいたりしていますが、高校の頃までの私は非常に成績が悪く、大学に進学することすら危うい状態でした。しかし、そんな時、記憶力に関する本に出会い、書かれていたことを参考に、勉強の仕方を根本的に変えたところ、成績が一気に上がり、東京大学法学部に入学することができました。

この経験から、「勉強は脳の使い方を変えればできるようになる」と知っていたため、うっかり「(勉強は)簡単ですよ」とお答えしてしまったのです。

私の答えを聞いた先生たちはすっかり大喜び。

「ぜひ、方法を教えてほしい」という彼らの熱意に押され、早速、記憶力を高めるプログラムを作り、提供すると、

「こんなに簡単に、大量の情報が頭に入るなんて！　信じられません‼」

「記憶することの楽しさを初めて知りました！」

「もっと早くこの方法を知りたかったです！」

など、簡便さと結果の素晴らしさに驚愕し、喜んでくださいました。


この時のプログラムを体系化したのが、「アクティブメソッド」です。

このメソッドを用いて多くの方たちに脳の使い方や記憶力を高める方法を提供してきました。脳力開発に関する講演だけで800回以上実施、3日間の「アクティブメソッド」のトレーニングを受講された方も4万人を超えました。現在では、講師陣も130名を超え、日本全国、アジアに展開しています。

受講生も実に様々で、小学生から高校生までの子どもたちは、「アクティブメソッド」のトレーニングを受けて成績を上げて志望校に合格したり、勉強を好きになったりしていますし、大人の方たちも、資格試験に合格したり、語学を習得したり、自分の夢を叶えていっています。なかには、テレビでも活躍している世界記憶力選手権で優勝し続けた方、80歳を超えて受講し、自信をつけて新たな目標に挑戦された方もいらっしゃいます。

脳の正しい使い方を学び、脳を上手に活用することができるようになったことで、人生を大きく変えているのです。


学生時代、私たちは国語や数学、社会、理科、英語を習い、幾度も試験を受けてきたはずです。

しかし、先生から「憶えてきなさい！」「勉強しなさい！」とは言われても、「どうしたら憶えられるか？」といった方法論までは教わらなかったのではないでしょうか。

正しい方法を知らないまま、とにかくがむしゃらに、気合いだけを頼りに憶える。多くの方がそうやって勉強してきたうえに、その勉強法を大人になっても続けてしまっています。

また、間違った方法で勉強しているから結果が出ないだけなのに、その理由を多くの方が自分の頭のせいにしています。

これは、とても残念なことです。

「自分は頭が悪い」と思っていると、何かに挑戦しようとしても、すぐに「無理」と脳が反応してしまい、一層、うまくいかなくなってしまいます。

しかし、脳力の観点から考えると、人々にさほどの差はありません。

「自分の頭が悪い」というのは、あなたの間違った思い込みです。

脳をフル稼働させるには、自分に自信をつけることです。

そのうえで「正しい考え方」と「正しい技法」を身につければ、誰であっても記憶力を上げることはもとより、素晴らしいパフォーマンスを発揮することができるようになります。

本書では、脳の情報処理の根幹となる記憶力や集中力の高め方、さらにそれを支え

るためのメンタルマネジメント、そして、夢の実現の仕方についてもお伝えしていま
す。「正しい脳の使い方」を知っていただき、人生をより一層謳歌していただきたい
と願っています。

1つでも2つでも実践していただければ、その分、確実にあなたの人生が変化して
いくと思います。

本書が、あなたの才能をより輝かせ、よりよき人生を送る一助となれば幸いです。

令和二年一月

小田　全宏

第3章

記憶力を高める8つのメソッド

第4章

「脳力」の効果は集中で変わる

第5章

「脳」と心を活性化させる情動マネジメント

第6章

シチュエーション別　脳の使い方

第1章

誤解されている「脳」の常識

1 人間の脳力は遺伝によって決まっている!?

先日テレビを見ていたら、脳に関してこんなことが言われていました。

「人間の脳は、遺伝によって決まっている」

この番組によると、子どもがもっとも賢くなるのは「父親も母親も賢い場合」、続いて「父親がそれほど賢くなくても母親が賢い場合」、3番目は「父親が賢くても母親がそれほど賢くない場合」、4番目は「父親も母親も賢くない場合」だそうです。

あまりの内容に、私はびっくりしてしまいました。

たしかに、「IQ200の天才児」のように、生まれつき優秀な人はいます。

かつてドイツのフィリップ大学マークブルクでの研究で「認知機能」のテストを行ったところ、脳の神経細胞の繋がりに関係していると考えられている「NCAN遺伝子」

を持っている人と持っていない人では、記憶力に大きな差が出るという結果が出ていますし、アメリカのプリンストン大学の神経生物学者ジョー・チェンが、マウスに「NR2B」と呼ばれる遺伝子を注入したところ、記憶力が画期的に増したといいます。記憶や学習は、脳の中にある神経細胞（ニューロン）間においてシナプス伝達効果が変化することで進むので、ニューロン間の電気信号がどんどん受け渡され、シナプスが繋がっていく、その働きがよい遺伝子を持っている人が「頭のいい人」と言えるのかもしれません。

しかし、これまでたくさんの人に脳の使い方をお伝えしていく中で、受講生の方々が飛躍的に変わっていく姿を見てきた私からすると、脳力は遺伝がすべてとは到底思えません。

講座に来る人たちも、1回憶えるための作業をするとすぐに頭に残る（インプットされる）人もいれば、10回憶えたのになかなか記憶できない人もいます。

ですが、脳の使い方を習得すると、最初はなかなか記憶できなかった人たちも、元から記憶ができる人たちと大差なく、皆一様にできるようになります。子どもたちは一気に成績を上げ志望校に次々と受かっていきますし、「記憶力が悪くて」「頭が悪くて」などと言っていた大人たちも、苦労していた資格試験、難関資格に合格されていきます。

なかには、あまりの激変ぶりに、「自分は天才では！」などと、勘違いされる人までいらっしゃいます（笑）。

失礼な言い方になるかもしれませんが、親ごさんが優秀かどうかは関係なく、正しいやり方を学び、努力した分、成果を出されています。

行動遺伝学の第一人者であり、慶應義塾大学文学部教授の安藤寿康《じゅこう》氏は、「親の特徴がそのまま子どもに引き継がれると考えるのは、よくある誤解です」と指摘し、「遺伝と環境が結びついた時に才能は発現する」と述べています。

つまり、人間の脳力は、遺伝を超えて開花できるということです。

もちろん、親からの遺伝は無関係とは言えません。しかし、脳の使い方次第で、誰しも変わる可能性が十二分にあるということです。

あなたがもし、「うちの家系は代々頭が悪いから」「私はもともと頭がよくないから」と思っているとしたら、それは大きな「誤解」です。あなた次第で、あなたの才能は今からでも、まだまだ開花していきます。

シナプス伝達の仕組み

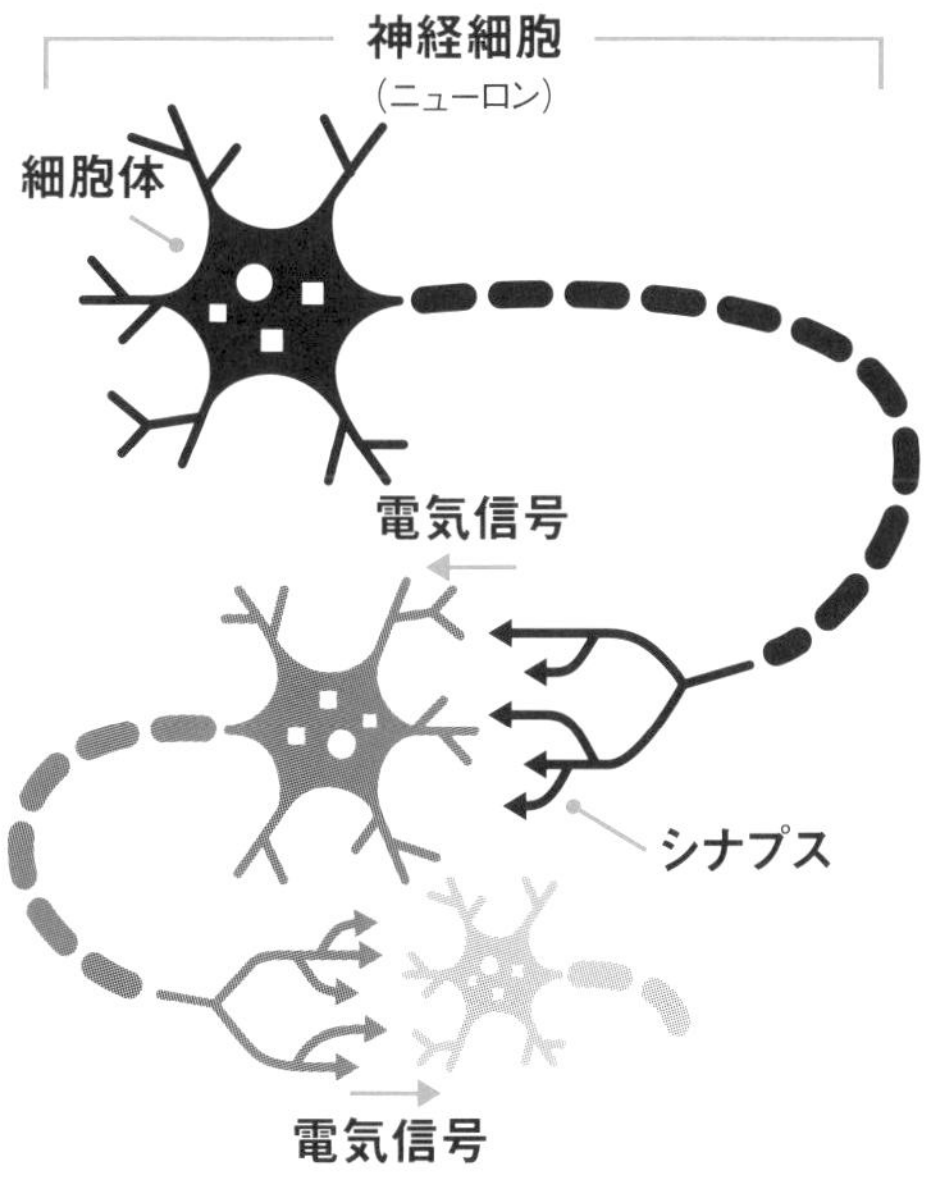

ニューロン間で電気信号が受け渡されることで情報伝達が行われ、シナプスが繋がっていく。情報伝達の速度は人によって違うため、その働きがよい遺伝子を持っている人が頭のいい人と言える。

2 記憶力は年齢を重ねるに従い衰えていく⁉

「人間の脳細胞は20歳を過ぎると減っていく」

そんな話を聞いたことがある方は多いのではないでしょうか。

研修の際、受講生の方々によくこの質問をするのですが、だいたい7、8割くらいの方が「聞いたことがある」「知っている」と手を挙げます。

脳科学の世界では、人間の脳の重量は、幼少の頃はだいたい400から500グラムで、ピークとされる20歳で1400グラムくらいになり、その後、次第に減っていき、90歳くらいになると、20歳の時と比べて15％ほど少なくなると言われています。

90歳でピーク時より15％減で済むなら、さほど影響はないように思うのですが、脳細胞の話だからでしょうか、とても大変なことだととらえている方が多いようです。

その要因として、メディアが大げさに伝えていることもあるでしょう。

たとえば、20歳を過ぎると1日に脳細胞が10万個も死滅していき、80歳を過ぎると脳細胞はピーク時の半分くらいになる、または、近い将来、日本だけで1000万人超が認知症になってしまうといったものもあります。

たしかに、日本だけでなく世界中で認知症は社会問題となっていますが、そもそも認知症になる確たる原因はあまりわかっていないのが実状です。脳細胞の減少と認知症の発生は必ずしもイコールであるとは今の段階では言えません。

また、「1日に脳細胞が10万個死滅する」などと聞くと、とても恐ろしいことが起きているように感じますが、ちょっとよく考えてみましょう。

もし仮に脳細胞が1日に10万個死んだとしても、1年で3650万個、10年で3億6000万個、100年経っても36億個です。

それに対して人間の脳細胞の数は、約1000億個とも言われています。

1000歳で1000億個あるうちの36億個減ってしまうだけなら、そこまで気にする必要はないと思いませんか？

かつてオランダで、115歳で亡くなった女性の脳を調べたところ、まったくと言っていいほど脳の萎縮がなかったことが記録されています。

こうしたことから、最近では、脳の寿命は120歳くらいだろうと言われています。

つまり、死ぬまで、元気な脳を保つことも可能だということです。

ではなぜ、「歳をとると物忘れが激しくなる」のかというと、実はこれも、大きな誤解なのです。

ある研究で、老人も子どもも物忘れをする数はほぼ変わらないことがわかっています。ただ、子どものほうが、頭に入っている情報が少ないために、物忘れをしているように見えないだけなのです。

記憶力の低下の原因は、睡眠不足や日々のストレス、あるいは生活習慣から来ているものが大半で、それを改善すれば、脳はたちまち元気になります。

私の講座を受けていただいた方の最高齢は、88歳です。

ご高齢ですから、最初は3つ4つの簡単な単語ですら、なかなか頭に入りません。

その方も、憶えられない自分に対して、「やっぱり、もう歳か……」とがっかりされていらっしゃいました。しかし、1日の研修が終わる頃には、100個近い単語を憶えることができていました。本人も驚愕していましたし、他の受講生もびっくり。「88年の人生の中でこんなに驚き、感動したことはありません。この研修を、人生のもっと早い時期に受けていたらと、すごく後悔しています（笑）」

という彼の言葉に、素直にうれしく思うと同時に、「もっとこの『アクティブメソッド』を知っていただくべく頑張らなければ」と、反省したものです。

ほかにも、病院で認知症の診断を受けた方が研修を受けたことによって、かなり改善が見られたこともありました（なお、研修は治療ではありませんので、受講すれば必ず「治る」ということは言えません）。

脳細胞は年齢に関係なく活性化されるので、脳の老化を必要以上に怖がる必要は、まったくないのです。

3 記憶できる脳の容量は限られている!?

ある時、受講生の方が、「人の脳は記憶できる容量が決まっていて、それ以上は憶えられないので、あまり物事を憶えないようにしているんです」と話をされ、私はとても驚きました。

というのも、人間の脳はいろいろなものを記憶し、脳の中の情報量が多くなっていけばいくほど、より一層たくさんのことを記憶できるようになるというのが真実だからです。様々な経験を積み、知識を身につけてきた人のほうが、むしろ記憶しやすいのです。

言い換えると、**頭を使わない人の脳はどんどん衰えていってしまいかねないということです。**

正しい脳の使い方をしていないから、うまく記憶ができないだけで、脳の容量に限界があるわけではないのです。


人間の記憶は、「短期記憶」と「長期記憶」に分けられます。

「短期記憶」とは、数十秒から数十分で頭から消えてしまう記憶、「長期記憶」とは、数時間〜数十年、それこそ一生涯、頭に保持される記憶のことです。

たとえば本を読む時に、前の文章の内容を憶えている、暗算する時に数字を憶えているなどは「短期記憶」、言葉を憶えていること、小学校の時に習ったことを大人になっても憶えているなどは「長期記憶」になります。

「短期記憶」は、「海馬《かいば》」という脳の一部に入ります。

海馬の容量は、少ししかありません。それこそ、3つか4つ情報を入れたら、キャパオーバーになってしまいます。必要なものを確認してから買い物に出かけたにもかかわらず、1つ、2つ買い忘れてしまうのもそのためです。

一方、「長期記憶」は、「側頭葉」に入ります。これには容量はなく、情報が無尽蔵に蓄積されていきます。

子どもの時の記憶を大人になってもしっかり憶えていられるのは、そのためです。

長期記憶となるのは、繰り返し聞いたもの、自分の心にはっきりとイメージできたもの、喜びや反対に恐怖など感情が強く動いたもの、自分にとってこれは必要だと強く思ったり、これは面白いと思ったりしたものです。

これらの情報は、海馬から扁桃体《へんとうたい》を経由して前頭連合野に入り、側頭葉に移動し、長く定着すると言われています。

もしあなたが今、「頭が悪い」「記憶力が悪い」と悩んでいるのなら、それは、憶えた情報が短期記憶になってしまっているからです。意識して、長期記憶にすることで、憶えられる量も、憶えていられる時間も増えます。

第2章以降で、記憶力についてお話ししていますので、参考にしてください。

記憶に使う脳の部位

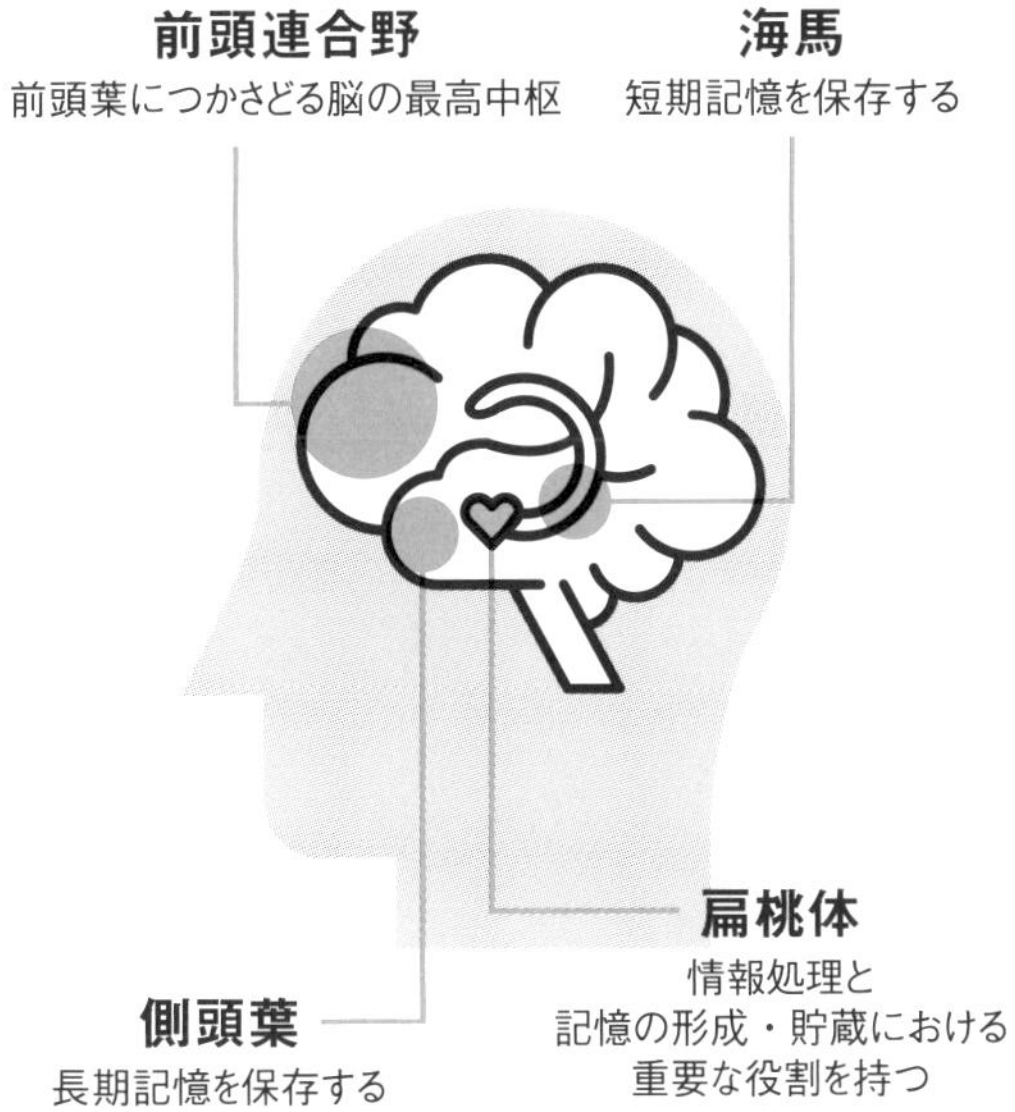

情報は、海馬→扁桃体→前頭連合野→側頭葉の順に流れ、記憶として定着する。

4 脳は憶えるのが苦手⁉

「暗記はつらい」
「暗記は苦手」
「暗記は大変」
「暗記できない自分は頭が悪い」

おそらくほとんどの方が、このように感じているのではないでしょうか。試験前に憶えるのに苦労した経験を持つ人は多いでしょう。

しかし、この苦手意識こそが、自分の能力をあきらめ、良き結果となる可能性を摘んでしまう最たる要因だと、私は考えています。

振り返ってみてください。

あなたは好きなこと、興味のあることについて、苦労しなくても知識を深めることができた、そんな経験があるのではないでしょうか。

ある男の子は、恐竜が大好きで、まだ3歳だというのに、恐竜の名前を正しく50以上憶えています。さらには、男の子のお母さんも、彼と一緒に遊んでいるうちに、やはり50以上の恐竜の名前を憶えてしまったそうです。「学校の勉強は苦手で、あんなにできなかったのに、恐竜の名前はすいすいと憶えられてしまうんですよね。私って頭よかったのかしら」と言って、お母さんはとても楽しそうに笑っていました。

人は楽しいことが大好きです。興味あることの知識が増えるのは楽しいため、脳も張り切って動きます。だから、どんどん憶えられるのです。鉄道に詳しい人がマニアックな知識を習得しているうえに、そのことについて話し始めると熱を帯び、笑顔になっていくのも同じ理由です。

一方、興味がないことを憶えるのは、誰もが苦痛です。そして、苦痛を感じることをするのは誰だって嫌なものです。脳も苦痛から逃れたいと、憶えることを拒否するため、どんなにやっても興味のないことは憶えられないというわけです。

つまり、「暗記は苦手」「暗記できない自分は頭が悪い」と思えば思うほど、脳もその思い込みに引っ張られて本来の力を発揮することができず、間違った思い込みをしたまま生きていくことになってしまうのです。

先ほどのお母さんは、恐竜の名前を憶えながら子どもと一緒に過ごすその時間が、とても楽しく充実していたのでしょう。だから、素早く、50もの恐竜の名前を憶えることができたのです。

誤解しないでいただきたいのですが、人間の脳は、もともと新しいものを知ったり、できなかったことができるようになったりすると、それがどんな類のものであっても、うれしく感じたり、楽しくなってきたりするようにできています。先ほどのお母さんが楽しいと思った理由もそのためですし、子どもがどんどん物事を憶えていく理由もここにあるのです。

つまり、「暗記がつまらない」のも「暗記ができない」のも、あなたがそう仕向けているだけ。むしろ、憶えることは脳にとってうれしいことです。

もし、「暗記は苦手」「暗記はつまらない」と認識しているのであれば、これは誤解ですし、その間違った思い込みこそが、あなたの可能性を制限しているのです。

ここまでお話ししてきた4つのことについて研修等で受講者の方々に聞いてみると、8割以上の方が勘違いされています。もし、これらの誤解のうち1つでもあなたの意識の中に残っているのならば、今すぐ、書き換えてください。

「はじめに」でもお話ししましたが、多くの人が「脳に対する間違った思い込み」をしていることによって、自身の可能性を自ら摘んでしまっていたり、勝手に自分をあきらめてしまったりしています。

脳を効果的に使うには、余計な感情や迷いは妨げでしかありません。

「脳に対する誤解」をといてください。

5 脳を上手に使うとはどういうことか

本書を手にしてくださったみなさんは多かれ少なかれ、「もっと頭がよくなりたい」「もっと脳を上手に使えるようになりたい」と思っていらっしゃることでしょう。

では、「頭がいい」とは、いったいどういうことなのでしょうか。

勉強ができる、成績がよい、難しい資格をたくさん持っていることが頭がいい、ということではありません。

本当の意味での〝頭のよさ〟とは、自分の持つ力を、自分の意思によって、最高の状態で引き出し、活用することができることだと、私は考えています。

私は、自分の脳の力を最大限引き出す方法を「アクティブメソッド」としてお伝えし続けていますが、その根幹となるのが、記憶力、集中力、そして、メンタルのセルフマネジメントです。

「今はスマホで検索すれば、どんな情報でもたちまち出てくるので、わざわざ自ら記憶していなくてもよい」

ということを、それこそ有識者とされている方までもが言っていますが、これはミスリード以外の何物でもありません。

たしかに今のスマホは実に便利です。

たとえば、百科辞典で「モーツァルト」を調べると、情報量が数行しかないものも少なくありません。一方、ネットで「モーツァルト」を調べてみると、無尽蔵に出てきます。しかも、自分が欲しいピンポイントの情報におよそ1~2分で到達できます。

情報が今、この瞬間に、自分の頭の中にないからといって、不自由をすることはありません。

しかし、この情報化社会における「便利さ」と「記憶の不必要性」は、いかなる相関性もありません。

さらにこれからはＡＩが世の中を動かしていく激動の時代になります。

ＡＩを使いこなせる人になるか、ＡＩに使われるだけの人になるのか、それは、脳の使い方を知っているかどうか、そして「学ぶ力」があるかどうかです。

真の「学び」をしていない人は、それこそネットの中にあるフェイク情報に振り回されたり、意図的に操作された情報に惑わされたりしていくことになるのです。

たとえば、調べた情報が正しいものであるか、信用してよいものか、さらにはどう使うべきかを判断するのは自分自身でしかありません。

そのために必要なのが、知識であり教養であり、これらを学び、使いこなす基礎になるのが、記憶力なのです。

第2章

「脳力」の基本は質のよい記憶

1 人々の進化と共に記憶法も進化してきた

「アクティブメソッド」を学んだ受講生の一人に、記憶力の世界大会で優勝した池田義博さんという方がいます。最近よくテレビにも出ているので、彼のことをご存知の方もいらっしゃるのではないでしょうか。

彼は、自身の仕事のために「アクティブメソッド」を受講したあと記憶法に目覚め、訓練をし、毎年、奈良県の大和郡山市で開催される「記憶力日本選手権大会」に出場して6連覇しています。また、イギリスで行われる「世界記憶力選手権大会（World Memory Championships）」で日本人初の世界グランドマスターの称号を得ています。

脳の使い方のコツを身につけたことで、彼はどんどん記憶力を磨いていったのです。

そもそも記憶法は、2500年前のギリシャ時代に生まれました。多くの知識人たちが弁論術を磨くうえで、自分が話す内容を忘れることなく相手に明確に伝えるために、記憶法が編み出されたのです。

中でもシモニデスという人が記憶法の創始者だと言われています。シモニデスには、こんな逸話が残っています。

彼がみんなと宮殿で食事をしていると、突然、大地震が起きました。そこにいた全員が生き埋めになってしまったのですが、シモニデスは、この直前、「宮殿の外で人が呼んでいる」と声をかけられて外に出ていたため、生き残ることができました。

彼は一緒にいた数十人もの人たちの名前をすべて憶えていたうえに、どこに誰が座っていたのかまで記憶していたので、彼の驚異的な記憶力により、亡くなった人全員の名前が判明したといいます。

その後、ルネッサンス期になり、文化・文明が一気に発展し、人々が学ぶべき情報量が増えた時に、記憶法も一緒に発達し、それからも産業革命期など、時代の移り変わりに合わせて変化していきました。

日本では、戦国時代以降、忍者たちが敵国の城に忍び込んで巻物等に記されている情報を瞬時に憶え、殿様に知らせなくてはならないことから、記憶法が編み出され、変化していったと言われています。

明治期に入り、哲学館（東洋大学の前身）を作った井上円了《いのうええんりょう》が記憶法として取りまとめた『記憶術講義』を上辞しました。この本には、ギリシャ時代のシモニデス、ローマ時代のキケロ、クインティリアヌスらが考案した正統派の記憶術を踏襲したものが書かれていたといいます。

また、明治時代には、記憶術の本がかなり多く出版されたことがわかっています。鎖国の解除（開国）、文明開化に合わせて、多くの学問が日本に入ってきた影響でしょう。

ちなみに、「世界記憶力選手権大会」とは、「マインドマップ」と名づけられた情報整理法（世界中で何百万人もの人々が学び活用している）を提唱したトニー・ブザン氏とチェスのグランドマスターであるレイモンド・キーン氏が、人間の記憶技術の向上をテーマとして創設したもので、世界中から参加者を募り、記憶力を競う会です。

トニー・ブザン氏は来日された際、我が家にも何度かいらしてくださっています。

彼もまた、記憶法を提唱しており、その基本はギリシャ時代から続いているものをベースにしています。アクティブメソッドと通ずるものもたくさんありました。

脳を上手に活用し、記憶力を高めるには、特別な訓練や「潜在意識を動かす」などといった不思議なことをする必要はありません。

すべての人が持っている機能を使うだけ、誰でも簡単に習得できるのです。

2 記憶をつかさどる3つのフェーズ

記憶力を高める方法をお伝えする前に、まず記憶について整理しておきましょう。
記憶は、次の3つのフェーズで構成されています。

1 記銘《きめい》
情報を脳に入れ、「憶える」ことです。一般に「記憶力がいい」というのは、いかに速く、たくさん、正確に情報を頭に入れることができるかを表しています。

2 保持
「憶えている」ことです。どれだけの時間、記憶を頭の中に留めておくことができるかです。

3 再生

脳に入れた、つまり憶えたことを、必要な時に、組み合わせながら必要な形で引っ張り出せる、「思い出す」ということです。

いわゆる「頭がいい」というのは、「たくさんの情報を、速く正確に憶え、長い期間留めておき、必要な時にパッと取り出せる」ということです。

反対に「頭が悪い」というのは、「情報が少ししか頭に入らないうえに、何回もやらないと憶えられず、しかも不正確にしか入らない。そして、憶えてもすぐに忘れる、もしくは憶えているはずなのになかなか出てこない」ということです。

記憶する対象は、言葉や数字だけではありません。画像、音、味、匂い、感触、感情など、五感に触れるもののすべてが記憶の対象になります。

記憶するだけなら、記録としてスマホに取り込むなどで代用が利きます。

しかし、**脳を活用して、記銘・保持・再生の3フェーズをうまく整合させることで、頭の中の膨大な記憶が情報のネットワークとなり、クリエイティブで、新しい発想をすることができるようになるのです。**

3 記憶力が飛躍する６つの考え方

アクティブメソッドの講座では、記憶法について学ぶ前に、まず「記憶力が飛躍する６つの基本的考え方」というものをお伝えしています。

人間の脳は、遺伝的な要素を完全に無視することはできませんが、きちんと使うことによって、脳が生来持っている力よりも、はるかに大きな結果を生み出します。

あなたの脳が持つ最大限の力を引き出し、さらに伸ばしていくためにも、次の６つの考え方を押さえておいてください。

1　自分の脳に対する自信を持つ

自分の脳に対する自信を持つことは、記憶力を高めるうえで何よりも大切です。

研修等でそうお伝えすると、「自分の脳に対して自信がないから、困っているのではないか！」と、ご指摘をいただくことが少なくありません。

「自分の脳に対して自信がないから、この本を手に取ったのではないか！」

もしかしたら、みなさんも思ったかもしれません。まことにその通りです。

それでも、自分の脳に自信を持ってください。

自分の脳に自信がないと、常に何かをやろうとするたびに「無理」という意識が出てきます。こんな状態で取り組んでも、その「無理」という意識が邪魔して素直に記憶・知識の吸収ができませんし、チャレンジしようという気持ちすら持てなくなってしまいます。

結局、自分としては不十分な結果しか得られず、「やはり自分はダメだ」とさらに失望し、脳自体もそう思い込んで萎縮してしまうという悪いスパイラルに陥ることになってしまうのです。

このままでは、どんなに脳の使い方を学んでも、記憶力を含め、効果は出ないでしょう。

突然、「自信を持ちましょう」と言われても、急にはできないかもしれませんが、次の3つの心構えを持つことで、自分の脳の素晴らしさに気づくはずです。

①自分ができ（てい）ることを徹底して挙げてみる

たとえば、本書を読んでいるということは、みなさんは日本語を読み、話すことができるということです。「当たり前」だと思うかもしれませんが、日本語は、ひらがな、カタカナ、漢字、ローマ字が混在する、他国語と比べてとても複雑な言語です。

漢字一字とっても、「日」だけで、「にち、ひ、じつ、か、にっ、ひる、たち、び、ぴ」、などと、いくつもの読み方があるので、外国の方は口々に、「日本語は本当に難しい」と言います。そんな難しい日本語を理解し、使うことができる人が、頭が悪かろうはずがありません。

ほかにも、買い物の時にお釣りをさっと計算したり、料理をつくったり、ものを片付けたり、スマホを操作したり——。どうでしょう、結構いろいろなことができていませんか？

具体的にできていることを思い返すと、よりその優秀さに気づくはずです。些細なことであっても、自分ができることを認めて、「よくやっているね」「すごいね」とほめてあげましょう。

②人との比較をやめる・しない

人はつい、他人と自分を比較する習性があります。

この時、自分を鼓舞するのであれば、まだ救いがありますが、必ずと言っていいほど、自分が他人より劣っているところに意識が向きます。そのため、「他人と比較する＝自分へのダメ出し（攻撃）」となってしまうので、自らどんどん自信を奪っていくことになるのです。

他人と比較していいことなどありません。「人は人」「自分は自分」と思うと自信が回復してきます。

他人の美点や才能を見つけることはとても大切なことですが、それが翻って自分を貶《おとし》めるエネルギーになってしまっては悪影響でしかありません。

「人との比較をやめる。しない」と口に出すことで、つい比較してしまう自分の思考パターンを変えることができます。試してみてください。

③小さな成功体験を心から喜ぶ

人は日々、知らなかったことを知ったり、できなかったことができるようになったりしています。

しかしその時に、「まあこんなものか」と思ってしまうと「知る喜び」「できる喜び」が半減してしまいます。

小説を読んでいて知らない言葉が出てきたから辞書で引いて学んで憶えた。それって、とてもすごいことです。昨日までは知らなかったのですから。

こうした小さな成功・成長をきちんと心から喜ぶことで、自信がついていきます。

みなさんご存知の日本の太陽とも言うべき松岡修造さんが、「アクティブメソッド」を受講された時のことです。

記憶の技法をお伝えしたところ、松岡さんは完璧に30個の単語を記憶されました。

ところが、「やったーっ!!」という感じがなかったので、「どうされましたか?」とお聞きしたら、「今のは、しっかりとやり方を教えていただいたからできたのであって、自分一人でやった時にできるかどうかわかりません」とのこと。

つまり、「できた」ことに意識の焦点がいかず、「自分一人でできるかな」という「不安、疑問」に意識が向かってしまったのです。

「でも、できたことは事実ですよね。もっと〝自分ができた〟ということを喜ばれたらどうですか?」と言いましたら、パッと表情が明るくなって、「いや、本当にそうですね」とおっしゃり、それからは、どんどん記憶術をマスターして一人でできるようになっていきました。

後日、松岡さんとお会いした際、「あの時の体験は、テニス教室でジュニアを指導する時にとても役に立っています」と語っておられました。

子どもたちが少しでも進歩したら、それを「喜べ!!」と指導しておられるそうです。

この3つを実践することで、自分の脳の力、そして可能性を垣間見ることができるはずです。あとはそのことを信じてあげてください。

自信は、自分を信じることで持てるのです。

2　好奇心と集中力を高める

かつてギリシャ時代、人間には3つの愛があると言われていました。人の愛情を生み出す「エロス」と、慈愛の「アガペー」、そして「知への愛」としての「フィロス」です。

人が知識を求める根源的な欲求を、愛と考えていたのです。

人間の前頭葉の働きは「よりよく生きる脳」であると言われています。つまり、「知的好奇心」は人間的な行動の原点であり、「好奇心」という心の働きこそ、人間の脳を活かす大きな力なのです。

好きなことをやる時はどんなに時間がかかっても、まったく苦にならないでしょう。むしろ、やりすぎてしまう人も多いのではないでしょうか。

没頭している状態は、脳は加速して動き出している証です。

集中力については後に詳しくお伝えしますが、「時を忘れて何かをしている」というのは脳が生き生きと動いている状態だと思っていただいて間違いありません。

実は、脳のエネルギーが枯渇している状態の時は、まったくと言っていいほど、興味や好奇心を抱かなくなります。まさに、「別に」状態。世の中にあるものへの関心がなくなるのです。当然、記憶にも残りません。

反対に、記憶する対象に興味を抱くと面白いほど脳に入ります。心の状態と脳の状態は連動しているのです。

3 イメージ力と感受性を磨く

「イメージ力」とは、記憶のみならず脳の働き、さらには、人生すべてに関わるもっとも重要な心の働きです。

自分がどのような人生のイメージを描くことができるかで、人生が決定するといっても過言ではありません。

また、記憶もイメージが深く関係してきます。

暗記が苦手な人の多くが、イメージ力を使わずに言葉だけで憶えようとしますが、それでは脳は興味を示さないため、なかなか憶えられません。イメージ力は、あらゆる学びにより、絶大な効力を発揮します。

そして、イメージ力と同じくらい大事なのが、「感受性」です。

人間の記憶は、海馬が入り口となるのですが、その海馬の横に扁桃体という部位があります。これが人間の感情が動くとプルプルと震え、活動を始めます。昔見た映画の感動したシーンが、何年経ってもありありと脳裏に浮かんでくるのは、扁桃体が大きく揺れたからなのです。

恐怖や驚愕した体験など、マイナス情報も感情が強いとしっかり記憶されますが、「強い喜びの感情」は、脳によりよい影響を与えます。

人間のやる気の元が「感動」したり「感激」したりする脳の働きであることは言うまでもありません。

「そんなに毎日、感動することなんてない」と思う人もいるかもしれません。

ですがそれは、大きな間違いです。心の感度、つまり感受性が高くなれば、小さな喜びも大きく感じられるようになるからです。

感受性を高めると、心のアンテナが高まり、人と何気ない雑談をしている時にも、「はっ」とすることがいくつも出てきます。

感受性を高めるのにオススメなのが、毎晩、ベッドの中でその日を振り返り、とても楽しかったことや、心が喜んだことを思い浮かべながら眠ることです。そうすると脳がとてもよい状態で眠りにつけます。また、喜ぶことへの感度が高まります。

感動する心、感受性は、脳を生き生きとさせる原点なのです。

4　目的とビジョンを持つ

人間の大脳（前頭葉）には「よりよく生きる」という働きがあります。

「もっともっとよく生きたい」「自分の夢を実現したい」といった想い、目的があるから、脳は前向きに動き続けます。

目的とはそれが達成された時に感じる、喜びの感情です。そして、ビジョンとは目的を達成した時の具体的な映像です。

これらが合体することによって、脳にスイッチが入ります（詳細は後述）。

未来のことを現実のことであるかのように感じることを、著名なSF作家、エーリッヒ・フォン・デニケンは「未来の記憶」と呼びました。彼の言葉を借りると、ビジョンは、「素晴らしい未来の記憶」です。

目的にいいも悪いもありません。ワクワクする目的を見つけて、イメージを膨らませると、人間の脳はワクワクが大好きなので、「未来の記憶」に向かってスイッチを入れます。ワクワクが高いほど、脳の働きが高まるのです。

5 反復する

反復は記憶のみならず、あらゆるものを習得する時に必要となる行為です。

記憶する作業を終えたら、反復して、きちんと正しく記憶できたかを検証します。最初のうちは当然できませんから、「できなかったところを憶え直すこと」を繰り返すことになります。

そして、憶え直しを繰り返すたびに、自分にイライラしたり、できないことに対する敗北感などといった不愉快な感情に向き合わなければなりませんので、だんだん嫌になってしまい、反復がいい加減になり、記憶も薄れるという状態に陥ります。

しかし、これでは、記憶力は高まりません。

しっかり頭に入れるポイントは、「ゆっくり、正確に、気持ちよく」です。

ところが多くの人が忙しい日々を過ごしているために、つい、「速く、不正確に、気持ち悪く」を繰り返します。そのため、どんなに繰り返しても脳の中に入らないのです。

「ゆっくり、正確に、気持ちよく」の感覚を掴むと、習得の速度が格段に上がります。

特に基本的な技術や知識を反復して完全に脳に入れると、ある時ふと、自分のパフォーマンスが格段に飛躍したように感じる瞬間があります。このような自分の能力の飛躍体験を「レミニセンス現象」と言います。これについては後ほどお話しします。

脳をよりよく動かすために、反復は必須です。

6 頭で理解するのではなく、腹落ちする納得を！

知識には様々なレベルがあります。

必ずしも、最高レベルの詳しい専門知識や最新知識を知っていなくても構いません。

たとえば、私たちは技術的な仕組みはわからなくてもスマホを自由に使うことができますし、ＩＴの仕組みを知らなくてもパソコン等を操作できます。

ただし、知識は、「なぜそうなるのか？」をわかったうえで頭に入れないと、クリエイティブな情報にはなりません。また、何かを判断する時の基本情報としても使えないことが多いでしょう。

昨今、「エビデンス」の大切さが言われますが、それも借り物の証明なのかどうか、自分の目でしっかりと確かめることで、その知識のパワーが脳の中で大きくなります。

知識を自分の脳で情報にするにはどうすればいいかというと、「他人にしっかりと説明できる」状態にまで落とし込んでから頭に入れることです。

つまり、あなたの腹に落ちたかどうか、なのです。

私はいつも何かの情報に触れる時には、「本当だろうか？」「なぜそうなのか？」「この情報を出している人の意図は？」ということを意識しながら学ぶようにしています。そして、自分の心の中で疑問が湧いた時は、それを解消できるまで追究するようにしています。その行為はとても楽しいものですし、自分のお腹の中で納得したものは、実に多くの応用が利いてきます。

逆説的に言うと、私たちにとって大切なことは、「わからないことを恐れない」ことです。

論語の中で、孔子が「汝《なんじ》に知るを教えんか　知るを知るとし、知らずを知らずとなせ　これ知るなり」と語っています。

「知っているつもりになるな」ということです。これは今に至るも真実なのです。

ここまで、記憶力を高め、脳の働きをよくする基本的な6つの考え方についてお話ししてきました。

脳を上手に活用するうえで、これが基本となります。

4 「楽に学ぶ」より「楽しく学ぶ」

「『アクティブメソッド』を学べば、楽に記憶ができるようになりますか？」とよく聞かれます。

コツを押さえることができるので、学ぶ前と比べると、当然効率よく、楽に、少ない時間で憶えることができるようになります。

ただし、記憶するうえで大切なのは、「楽」であることより「楽しく」頭に入れることです。

「楽」と「楽しい」は同じ漢字を書きますが、脳の動きのベクトルとしては真逆になります。

「楽に憶えたい」「楽をしたい」と思っている時、脳は「早く終わりたい」と考え、そのことで頭がいっぱいになっていきます。そのため、目の前のことにあまり集中できていなかったりします。

一方、「楽しい」と思っている時、脳はワクワクしてやる気を起こし、「もっとやりたい！」と考えます。脳は楽しいことが大好きだからです。そのため、目の前のことに集中し、さらなる魅力を見つけ出したりします。

たとえば、10個の公式を憶えなくてはならなかったとします。

「楽に憶えたい」という人は、4つの公式を理解し、記憶できたとしても「あと6個もある」「あとどれくらいやらなきゃいけないのか」という意識になり、だんだん義務感で取り組むようになります。義務感が生じると脳の活動にはブレーキがかかってしまいます（第4章参照）。そのうち、憶えることが苦痛になってしまい、ますます憶えられなくなってしまいます。

「学ぶことは楽しい」という意識で取り組むと、時間のことを忘れて取り組むので、苦痛とは無縁の時間になります。

あなたの周りにいる仕事ができる人を思い出してみてください。

困難な仕事であっても、楽しそうに仕事をしているのではないでしょうか。それは、楽しむほうが、脳が働き、仕事が捗るからです。この時彼らは、決して楽をしようとはしません。仕事が最終的に成功するかどうかは、真摯に向き合ったかどうかだからです。

また、「楽しい」と意識すると、難しいものであっても「いつまでもやっていたい」と脳がとらえ、そのための方策を考えるようになります。これが、課題を解決する力となり、仕事がよい方向に進む要因となります。

趣味など、楽しいことをしていて、「ふと気づいたら日が暮れていた！」というような経験はありませんか？　その状態を、「楽しもう」と決めることでつくる。それが、アクティブメソッドで大切にしているルールです。

勉強している時も、「なんとか楽しよう」「短い時間でできないか」というところに意識を向けるのではなく、「勉強って楽しいなあ」というところに意識を転換させることによって結果として時間が短縮され、素晴らしい結果が生み出されるのです。

5 AI時代こそ、記憶力がものをいう

人生100年時代となりました。

昔は、学ぶ時間、12年間の義務教育+α（就学期）に対し、働く時間（就労期）が40年ほどでしたが、今は人も健康になり、60歳を過ぎても元気な人がたくさんいます。

さらに年金が頼れないことから、生活をしていくためだったり、豊かな人生を送るためだったりと様々な理由から働く時間がどんどん長くなっています。

ところが、AIの台頭により、これまでは新人時代に仕事の仕方や仕組みを学び、それを根幹にして仕事をすればよかったのが、現代社会では今まで学んできたこと、仕事をしていたことをAIに取られてしまい、新しく様々なことを憶え、身につけていかなくてはならなくなりました。

今でこそ、仕事でパソコンを使うのは当たり前ですが、数十年前はすべて手書きでした。パソコンを取り入れる際は、必死で勉強をされた人たちも多いでしょう。私の知人も、業務そっちのけで、当時50代だった部長にパソコンの使い方を教えなくてはならなかったと言います。

年々時代の変遷のスピードが速くなり、私たち人間もそのスピードについていくのに必死になっている部分があります。しかしながら、これが当たり前の時代になってしまった現在、受け入れるほかありません。

新しいことを習得するうえで、記憶力が高いことはとても有利です。

AI時代こそ、記憶力がものをいうと言ってもいいでしょう。

また、記憶力が高いことは、心にとっても大きな効果を与えます。

人は、「(自分の)頭が悪い」という言葉に対して、過剰に反応してしまうところがあります。

たとえば、自分が「足が遅い」「歌が上手でない」からといって、ずっと劣等感を持つ人はいないでしょう。

ところが、「頭が悪い」と思っていると、様々なシーンで行動を躊躇《ちゅうちょ》してしまうのです。「自分は頭が悪い……」「頭が悪いから憶えられない……」と思っていると、どんなに学んでも、知識の習得はなかなか捗りません。

さらに、勝手に苦手意識やひがみ感情が生まれたり、できない前提で物事を考えたり、変化のスピードに乗れない自分に対しても、嫌気が差したりしてしまいます。

これでは、これからの人生を楽しめなくなってしまいます。

もちろん、記憶力が良いだけで人生がうまくいくわけではありませんが、記憶力はすべての基になります。

次章では、具体的な記憶のコツについてお話ししていきます。

第3章

記憶力を高める8つのメソッド

メソッド 1

言葉を常に「イメージ化」する

さてここからは、記憶力を飛躍的に高めていくための8つのメソッドをお話ししていきます。

4万人以上の方が体験し、結果を出しているもので、実践していただくと、目覚ましい成果を生み出します。

まずは1つでも2つでもできることから実践し、自分の記憶力や脳力に対する自信をつけていってください。

1つ目のメソッドは、言葉を常に「イメージ化」することです。

相手の話を聞く時は、繰り出される言葉をどんどん頭の中でイメージ化していきましょう。**この時、1つの言葉から1つのイメージを思い浮かべるのが鉄則です。**

「りんご」と聞いたら、「赤くて丸くて甘酸っぱい香りの甘い果物」を思い浮かべ、話し相手が、「週末、札幌に家族と一緒に行ってきました。夜、大通り公園でビールを飲み、すごく楽しかったです」と言ったとしたら、その人が札幌の大通り公園で、ジョッキでビールを飲みながら楽しく談笑している姿を思い浮かべるのです。

必ずしもこと細かに思い浮かべる必要はありません。

イメージ化しながら話を聞くと、「そういえば○○さんが、大通り公園でおいしくビールを飲んだと言っていたな」などと、話の内容が脳に記憶されます。

ここで少し実験してみましょう。

まず、目を閉じてください。

続いて、「馬が走っている」とつぶやいてください（実際にやってみてください！）。

馬が走っている映像が見えたでしょうか？

研修でこの実験をすると、半分くらいの人が「目をつぶっているので真っ暗だったような、でも、馬が走っているのが見えたような……」と自信なさげに答えます。

しかし、「その馬は顔を右に向けて走っていましたか？　左に向けて走っていましたか？」と尋ねると、必ず「右です」とか「左です」と、どちらかの方向を答えます。

ぼんやりとはいえ、見えていたというわけです。

イメージは、このレベルで十分です。また、その映像は実写でも、アニメでもかまいません。見えることが大事だからです。

イメージは、頭の中にある記憶が材料になります。

馬を知らなければ、馬が走っている様子はイメージできません。誰かの話を聞いている時や、本を読んでいる時に「イメージ化」できないものは、すべて脳の中に入っていないということです。

つまり、イメージ力を高めるには、イメージしたいものの基礎的な情報（記憶）が必要になるということです。それには、視覚からの情報を常に意識して集めることです。

さて、質問です。

あなたの会社が入っている建物の隣の建物は、どんな色で、どんなエントランス（入口）でしょうか。

ほぼ毎日見ているはずなのに、浮かんでこない人も多いのではないでしょうか。

あんなにたくさん見ているのに、不思議ですよね。

人はかなりの情報を視覚から得ています。しかし、非常に曖昧に見ているので、意外と憶えていません。目に映ったもの＝情報になっていないのです。

日頃から、次の訓練をするといいでしょう。

イメージ力を高めるレッスン

1　目の前の風景を、カメラで撮影するように場所を切り取って目に焼きつける

2　目を閉じ、今焼きつけた風景を思い返す
　はっきりと見える部分とぼんやりしている部分を見極める

3　ぼんやりしている部分を意識しながら目を開け、同じ風景を見る

4　2〜3を繰り返し、ぼんやりしている部分をすべてクリアにしていく
　次第に自分の心の中で、絵画のように目の前の風景があらわれるようになる

この訓練をすると、視覚からの情報量が増え、様々なイメージ力のストックになります。

また、イメージ力は様々な思考の基礎になるので、訓練すると、記憶力のみならず、想像力や創造力、さらには夢やビジョンを構築する構想力が非常に高まります。

この訓練は、何時間もする必要はまったくありません。私は30代初めの頃、3か月くらい1日に5分ほど訓練し、あらゆるものがカラーで浮かぶようになりました。

あなたも、訓練を繰り返すうちに、だんだんと相手の言葉をイメージ化するのがスムーズになっていることに気づくでしょう。


イメージ化に関して脳の神経回路の観点から、もう少しお話しします。

「NLP」という言葉を聞いたことのある人も多いでしょう。これは、「Neuro

Linguistic Programming」の略で「神経言語プログラミング」と言い、別名「脳の取扱説明書」とも呼ばれています。

１９７０年にカリフォルニア大学の心理学の学生であったリチャード・バンドラーと、言語学の助教授だったジョン・グリンダーが心理学と言語学を融合させて構築したコミュニケーション開発プログラムなのですが、その中で、「記憶は、視覚、聴覚、触覚、味覚、嗅覚という五感を通して脳に刻まれる」と言及しています。

また、ゲシュタルト心理学を創始したフリッツ・パールズも「私たちは脳の中に入る情報について、客観的事実を超え、そこにある意味づけをして記憶している」と言っています。

つまり、私たちは記憶を単なる言語情報のみならず、「感覚」とともに頭に入れているのです。

ＮＬＰでは、人が記憶する場合、３つの大きな傾向があるといいます。

視覚からの情報がよく頭に入るか、聴覚からの情報がよく頭に入るか、身体感覚からの情報がよく頭に入るかです。これを、次の3つの頭文字を取り、「VAKモデル」と言います。

・視覚（Visual）……「視覚からの情報がよく頭に入る」か
・聴覚（Auditory）……「聴覚からの情報がよく頭に入る」か
・身体感覚（Kinesthetic）……「身体感覚からの情報がよく頭に入る」か

NLPの観点から記憶を考えてみると、視覚優位の人は映像イメージに大きな影響を受け、聴覚優位の人は音声が大きな影響を与えるということになります。何かを学ぶ時に、五感の中でもっとも情報量をもたらす視覚を意識し、言葉から映像を思い浮かべる癖をつけることが何より有効なのです。

「イメージできないものは記憶できない」といっても過言ではありません。

意味もわからず、法律の条文を丸暗記しても、その場からどんどん忘れてしまいますし、現実問題としても無意味です。

誰かと話をしていて、イメージがつかない時は、恥ずかしがらずにその場で聞いてしまいましょう。

「聞くは一瞬の恥、聞かぬは一生の恥」、さらに「聞くは一瞬の栄光」です。

人は自分の話に対して、「それは何ですか？」と尋ねられることに対して、不快に思うことはありません。むしろ「自分の話を一生懸命聞いてくれている」と思い、相手に対して好感を持ちます。

「イメージ化」は、脳を十分に動かすために、記憶力を高めるためにも、コミュニケーション力を磨くためにも特筆すべき簡単なメソッドです。

学ぶために人から話を聞いたり本を読んだりしている時は、その情報があなたの頭の中でイメージ化できているかどうかを常に点検しながら脳の中に入れていきましょう。

メソッド 2

情報を「リンク」させる

世の中には、様々な記憶法がありますが、いずれの方法も「イメージング」と「アソシエーション」が二大エッセンスになります。

「イメージング」とは、物体を表す普通の単語であれ、法律用語のような抽象的で難しいものであれ、とにかく映像化することです。

「アソシエーション」とは「繋がり」という意味で、得た情報をリンクさせることです。

人間の脳が一気に憶えられる情報の数は、一般的に「3つまで」です。

4つ以上になると、「たくさんあるなあ（苦痛だなあ）」と感じ、脳が自ら機能レベルを極度に低下させてしまいます。

たとえば、買い物に行く時に、買うべきものを頭に入れて出てきたはずなのに、3

つまでは憶えていられるものの、それ以上になると「あと、何だったっけ……」となりがちです。

複数の単語を憶える際、１つひとつ頭に入れようとしても、ただそれだけでは限界があります。１つひとつの単語に繫がりを持たせて記憶すると容易に憶えられます。

次のレッスンを行ってみてください。

リンクを高めるレッスン

次の10個の単語を憶えてください。

1 りんご
2 自動車
3 東京タワー
4 うどん
5 飛行機
6 自由の女神

7　ハンバーガー
8　メジャーリーグ
9　サボテン
10　鷲《わし》

あなたは、どのようにして憶えましたか？

「1番りんご、1番りんご……、2番自動車、2番自動車……えーっと、次が～」という具合に、順番に頭にねじこもうとしたかもしれません。しかしこの方法では、膨大な時間がかかりますし、仮に憶えられたとしても、すぐに忘れてしまいます。

このように多数のことを憶える場合は、憶える対象のイメージをリンクさせていくことで憶えられるようになります。これは、記憶をするうえで大事なコツです。

もっとも簡単なのが、「ストーリー法」です。

物語を作ることで単語と単語を連結させて記憶していく方法です。

憶える対象それぞれの「イメージ」をもとに、多少強引でもリンクさせて（アソシエーション）、ストーリー仕立てにするのです。

ストーリー法は数ある記憶メソッドの初歩の初歩レベルではあるのですが、楽しく憶えられるので、十分有効な記憶法です。

それでは実践してみましょう。

次の文章を、それぞれの言葉が表すものをイメージしながら声に出してゆっくり３回読んでみてください。

「私はりんご[1]を食べながら、自動車[2]を運転して、東京タワー[3]に行きました。東京タワー[3]を見学したあと、お腹が減ったので近くの食堂でうどん[4]を食べ、空港に向かいました。飛行機[5]に乗ってアメリカ出張に行くためです。

機内放送でニューヨーク上空に着いたと案内があり、窓から下をのぞくと自由の女神[6]が見えました。空港でハンバーガー[7]を食べたあと、メジャーリーグ[8]の試合を見に行きました。

翌日、カリフォルニアに移動する道中、砂漠で大きなサボテン[9]と悠々と飛んでいる鷲[10]を見て、とても感動しました」

いかがでしょうか？

簡単に記憶できたのではないでしょうか？

つまり、情報に対し、ストーリーという「繋がり（アソシエーション）」を持たせたことで、簡単に頭に入るようになったのです。

もしこの方法ですぐに記憶できたのなら、憶える対象が20個であっても、それこそ50個、１００個になっても造作なく頭に入るようになります。

さらに情報と情報をリンクさせる際は、感情に響くような奇想天外な発想でイメージすると、脳に焼きつき、かなり時間が経過しても記憶が消えません。研修では、この方法を「イメージ連結法」としてお伝えしています。

ストーリーづくりは、最初のうちは慣れていないので平凡な発想しか生まれませんが、１時間もすると、非常に興味深いリンク映像を生み出すことが可能になります。

なるべくインパクトのある映像のほうが、記憶に残ります。

また、繋がりの持たせ方（アソシエーション）には様々なバリエーションがありますが、記憶する対象は、それが単語であれ、文章であれ、単独で頭に入れるのではなく、必ず何らかの関係性を持たせて頭に入れることを心がけてください。

あらゆるものを頭に入れる時には、情報と情報を連結させることです。

81ページに、100個の言葉を羅列した表を掲げています。10個くらいずつに区切って、自分でストーリーを作りながら頭に入れる訓練をしてみてください。ストーリー法の威力に驚かれるはずです。

㊶ 炊飯ジャー
㊷ 自転車
㊸ 花束
㊹ 防犯カメラ
㊺ ボールペン
㊻ ハンカチ
㊼ グローブ
㊽ 携帯電話
㊾ 下着
㊿ バスケットボール

51 イヤリング
52 放送局
53 デパート
54 画びょう
55 トランプ
56 掃除機
57 花瓶
58 ホッチキス
59 トンカチ
60 停留所

61 辞書
62 Tシャツ
63 マンション
64 サッカー
65 エッフェル塔
66 スリッパ
67 指輪
68 コピー機
69 筆
70 警察官

71 バナナ
72 玄関
73 フルート
74 そろばん
75 椅子
76 免許証
77 砂漠
78 サンダル
79 焼きそば
80 葉書

81 富士山
82 タバコ
83 トイレットペーパー
84 ぶどう
85 弁護士
86 コンセント
87 郵便局
88 野球場
89 銭湯
90 じゅうたん

91 美容院
92 油絵
93 地球儀
94 マグカップ
95 駐車場
96 口紅
97 消しゴム
98 犬小屋
99 レストラン
100 信号機

100個のキーワードを憶えてみよう！

ストーリーを作りながら、まずは20個憶えてみましょう。その後、30個、50個、100個とチャレンジの数を増やしてください。

コツは、憶えるもののイメージを確認しながら、ストーリーに仕上げていくことです。

①フライパン
②新聞
③鍵
④寿司
⑤本棚
⑥タクシー
⑦日記帳
⑧パジャマ
⑨バケツ
⑩虫かご

⑪切手
⑫パソコン
⑬財布
⑭アンテナ
⑮紅茶
⑯スーツ
⑰カメラ
⑱ペットボトル
⑲和服
⑳化粧品

㉑テレビ
㉒スプーン
㉓三角定規
㉔帽子
㉕ガム
㉖割りばし
㉗セロテープ
㉘りんご
㉙地図
㉚チョコレート

㉛靴下
㉜ピラミッド
㉝本屋
㉞東京タワー
㉟カレンダー
㊱灰皿
㊲赤ちゃん
㊳ろうそく
㊴栗まんじゅう
㊵救急車

メソッド 3

「ロクス」に情報を貼りつける

記憶法が創始されたギリシャ時代。

弁論家たちは、自分が演説する内容をすべてイメージ化して、そのイメージを、パルテノン神殿の柱に貼りつけて憶えていたといいます（といっても、実際に何かを貼りつけるのではなく、パルテノン神殿の柱を見ると、その人には、自分がイメージした演説内容が貼ってあるように見えるというもの）。

記憶術の歴史を総合的に解説している『記憶術全史 ムネモシュネの饗宴』（講談社）によると、この記憶に使った場所（記憶の場）のことを「ロクス」と呼んだそうです。たとえば、ギリシャ時代の弁論家にとっては、パルテノン神殿の柱なども「ロクス」の1つになっていたということです。

この「ロクス」は多ければ多いほど、記憶する対象も多く貼りつけることができるので、意識的にたくさんのロクスを作っていたようです。

記憶の場というと、パルテノン神殿の柱のように権威あるものが良いように思うかもしれませんが、ロクスは記憶を呼び起こす鍵のようなものなので、何をロクスにしてもかまいません。

ただし、基本的に「形のあるもの」であることが前提です。

よく使われるのが、自分の身体です。特に手足の指は使いやすいのでオススメです。

指をロクスにする方法を「指メモ法」と呼んでいます。

やり方は次の通りです。

指メモ法

1　親指を1、人差し指を2、中指を3、薬指を4、小指を5と決め、ロクスにする

2　憶えるものを、それぞれの指に振り分ける

Ex：憶えるものがバナナ、たわし、自転車、ナイフ、ネクタイの5つだとしたら親指の上に1番目のバナナ、人差し指の上に2番目のたわし、中指の上に3番目の自転車、薬指の上に4番目のナイフ、小指の上に5番目のネクタイという風にそれぞれの指にイメージをつける

3　それぞれの指を見ながら振り分けたものを繰り返しイメージする

Ex：親指を見て1番目のバナナを思い起こし、人差し指を見て2番目のたわしを思い起こし、中指を見て3番目の自転車を思い起こし、薬指を見て4番目のナイフを思い起こし、小指を見て5番目のネクタイを思い起こす

4　「1番は何ですか？」と聞かれたら「1」の親指を見て「バナナ」を思い起こせるようになったらOK

研修で実際に受講生にしていただくのですが、一度行うとしばらくの間、いつでも思い出すことができます。

ロクスがあることで、それだけしっかり頭の中に入り込むのです。

大量に憶えることが必要になってくる試験や、記憶法選手権などでは、このロクスをたくさん保持していると断然有利になります。

特に憶える対象物が複数あり、そのうちの「○番目は何か」ということを抽出する必要がある場合に、絶対的な効力を発揮します。

あらかじめ必要なロクスの数を考えて、何をロクスにするかを決めるといいでしょう。

まだ感覚的に納得できないかもしれませんが、すぐにはなじめないと思いますので、手始めに「指メモ法」を日常的に使って、何もなくても脳の中から情報が消えない状況をぜひ体験してみてください。

メソッド 4

課題対象を「分解」する

人間の脳の仕組みとして、取り組んでいる課題を「難しい」「無理」などと判断していている時は、その対象物が巨大にとらえてしまっている可能性があります。

しかし、大きいということは、それだけたくさんの要素が合わさっているということです。**対象物を「分解」すると、どんなに困難にみえるものであっても、必ずあなたがこなせる量、大きさになります。**

私はこれを「分解法」と呼んでいます。

たとえば、300ページを超えるような厚いテキストをすべて学び、憶える必要があったとします。

「こんなの憶えられるわけがない」と、テキストを見るなりひるんでしまうかもしれません。

たしかに、これを一気に憶えることは難しいかもしれません。しかし、1日5ページだったらどうでしょう。60日、つまり2か月で一通り終えることができます。

「たった5ページ憶えてもたいしたことない」と思うかもしれませんが、「100分の0」と「100分の5」ではその差は無限大です。

ひるむだけで何もしなければ、いつまで経っても100残ったまま、ずっと巨大な敵のままですが、1でも2でも進んだ時にはまったく違う見え方がするはずです。

そして、少しずつ積み重ねて半分まで進んでくると、残り半分をマスターするスピードは一気に加速していきます。課題を半分こなしたあなたは、課題を始める前よりも力をつけているので、作業効率が上がっていますし、人間の脳は半分を過ぎると、不思議なことに「あと半分しかない」と感じます。

この「分解法」は、記憶だけでなく様々なシーンで非常に役立ちます。

仕事や家事など、アップアップの状態になっている場合は、やるべきことを分解して1つずつ対面していくと、落ち着いて物事に対処ができるようになります。

何か取り組むべきことがあったら、まずは分解できるかどうかを考えるという習慣をつけていきます。そして、1つ実行してそれができたら、「よし！」と喜ぶ癖をつけてください。


この「分解法」を駆使すると、聞き慣れないカタカナや漢字あるいは英単語なども、スムーズに頭に入れることができます。

以前、コメンテーターでコメディアンのパックン・マックンのパックンが我が家に遊びに来たことがありました。彼とは卓球仲間なのですが、私が記憶法を伝える仕事をしていると話すと、「本当に何でも記憶できるのですか？」と質問してきたので、私は「もちろん」と答えました。

すると彼は、スマホを取り出して、何かを書き始めました。渡された紙には、アフリカの聞いたこともない国の首都の名前が30個書いてありました。

「こんなものでも憶えられますか？」

聞き慣れないうえに、イメージもわかない言葉たちに、一瞬戸惑いはしましたが、脳の活用法を教える者としてひるむわけにはいきません。「もちろんできますよ」と答え、パックンに首都の名前を読み上げてもらいました。

1回聞いただけで、完全に憶えて復唱すると、パックンは「アンビリーバブル！」と感動し、信じてくれました。そして、すっと真顔になって「いったい、どうやって憶えたのですか？」と質問してきたので、「イメージ法」と「分解法」と「ロクス」を使った記憶法を即席で教えたところ、彼は先ほどの首都の名前を20分足らずですべて記憶してしまったのです。

彼はハーバード大学卒ですし、頭がいいことはわかっていましたが、これには私のほうが驚きました。

ちなみに、聞いたことがないものをどう憶えるかというと、こんな感じです。

たとえば、リベリアというアフリカの国の首都は「モンロビア」というのですが、この場合は、「リベンジするぞ！」と言いながらマリリン・モンローがビアを飲んでいる映像を思い浮かべます。そうすると、リベリアと聞いた瞬間に、マリリン・モンローとビアが思い浮かび、「モンロビア！」と答えられるわけです。

この方法を応用し慣れてくると、地名、人名はもとより薬の名前などの医学用語や法律用語、あるいは何百もあるワインの名前、またＩＴ関係の用語、化学式など、とにかくどのようなものでもたちどころに頭に入ってきます。

中でも英単語を憶えるのには非常に役立ちます。１日の間に１００個、２００個の単位で単語を記憶することができます。

まさに分解法は、記憶力を含めた課題を解決していくための強力な武器なのです。

メソッド5
記憶の定着に必要なのは「本当の理解」

学生の頃、受験勉強、試験勉強と称して、詰め込み型の勉強をした経験のある人は多いでしょう。

私もその一人でした。

しかし、**脳の仕組みを考えると、「詰め込み」はまったく意味がありません。**

瞬間的に頭にその情報がとどまったとしても、すぐに消え去ります。中間試験、期末試験と、段階的に勉強してきたはずなのに、いざ受験となると、勉強のし直しをする羽目になるのは、このためです。

詰め込み型の勉強では、結局「なるほど」といった納得までたどり着かないため、脳にとって記憶が定着するための有効な刺激にならず、残らないのです。

たとえば、数学の公式です。

よく「数学の公式をどのように憶えたらいいですか?」という質問を受けるのですが、私はいつも「数学の公式は憶えるものではない」とお答えしています。

質問者には非常に驚かれますが、その心は、「公式はただ憶えるものではなく、自分で説明できて初めて意味を成すもの」だからです。

公式を「こういうもの」だと、ただルールとして丸暗記し、数字を当てはめて使うことができるようになっても、それはうわべの知識でしかありません。これでは、問題の質が変形したとたん、使うことができなくなってしまいます。

「こういう理由でこうなるのか」と、公式が意味していることを理解し、「なぜそうなるのか」を人に説明できるようになると、その情報が脳の深部にまで届き、習得できます。習得できれば、応用が利くようになり、様々な問題に対応できるようになります。

公式は、公式そのものを憶えても意味がなく、人に説明できるまで落とし込むことで初めて頭にインプットされ、使えるものとなるのです。

どんな公式も、誰かが世の中に存在するある現象を表現するために研究し、まとめたものですから、突き詰めれば、その大本である原理にたどり着くことができます。もちろん、アインシュタインの相対性原理を自分の体感覚として説明できる人は、ほとんどいないかもしれません。しかし、たいていの公式、特に試験等に出てくるものについては、必ずたどり着くことができます。

適当に計算式を書いて、正解か不正解かに一喜一憂するのではなく、問題の正解に至るプロセスを隅から隅まで他者に説明できるかどうかを求めましょう。

これは、数学に限らず、あらゆる学問においても同じです。

記憶の訓練をしている時に、受講生の方が、教科書や参考書を持ってきて、「どうしたらこの表や文章が頭に入りますか」と質問してこられることがよくありますが、どんなものでも、私は瞬時にその場で解説します。

受講生の方は驚かれますが、私がしていることは、その表や文章の全体構造を見て、「なぜ、そうなるのか」の「因果関係」を考え、理解し、伝えているだけです。

暗記というと、繰り返し文章を頭に刷り込むイメージをお持ちの方も多いでしょう。たとえば「お経」を意味もわからず何度も唱え、それを諳んじることができるようになることも「暗記」です。私も子どもの頃、百人一首を意味もわからず、ただひたすら憶えた経験がありますが、この「理解なき暗記」は非常に脳に負担をかけます。さらに、嫌悪感をもたらし、なかなか憶えられないといった事態を引き起こします。

脳によりしっかりと記憶されるためには、「理解」がベースにないといけません。

「論理的理解」と同時に「感情的理解」をともなうと非常に効果的です。「感情的理解」とは、イメージと感情の両方を情報に兼ねるということです。

「ああ、なるほど」と腑に落ちると、脳も心もスッキリします。脳は「快」が大好きなので、気持ちよかったことはしっかり憶えます。「なるほど。わかった！」という感覚が、とても大切なのです。その感覚が起きないと、真には脳に入っていきません。

学問は、誰かが精魂込めて世の中の真実を解き明かそうとしたり、人間としての在り方やあるがままの気持ちを残すために確立したりしたものがほとんどです。

何事も、核の部分には「人」の存在があります。

「論理的理解」であっても「感情的理解」であっても、その論理を導いた人物の気持ちや、その感情を体現した人物の気持ちによりそうことで、見えてくるものがあります。「なぜそうなるのか」を問いながら学ぶというのは、遠回りに見えるかもしれませんが、これこそが物事の核心に一気に迫り、同時に脳の中にその情報が刻み込まれる王道になるのです。

「理解」の大切さを感じていただくために、名門校である灘中学・灘高校の国語の名物教師、橋本武先生のお話を紹介しましょう。

橋本武先生は、2013年に101歳で亡くなられたのですが、戦前から教壇に立ち、国語を教えられていました。

そして、戦後、さほど時が経っていない1950年から、新入生を教えることになったのを機に、「生徒の心に生涯残り、生きる糧となる授業をしたい」と、教科書とは別に、中勘助《なかかんすけ》という作家が書いた『銀《ぎん》の匙《さじ》』という小説を3年間かけて一冊読み上げる授業を始めました。

橋本先生が『銀の匙』を教材に選んだのは、第一に、この小説が夏目漱石が絶賛したほど美しい文章であったこと、第二に、明治の時代の情景描写が実に克明であったこと、第三に、主人公が10代の少年で生徒たちが感情移入しやすい内容であったこと、そして最後に、新聞に連載されていたために文章の区切りがよく、授業で扱いやすかったというのが理由だそうです。

『銀の匙』は200ページほどの本ですが、橋本先生は、とにかくひと言ひと言、一文一文を徹底的に掘り下げ、3年という時間をかけて、「なぜ、この作家がこのような文章を書いたのか」の考察・説明を行いました。主人公が体験したことを生徒たちに、完全に追体験させるほどだったようです。その結果、生徒たちの『銀の匙』に対する理解はとても深くなるとともに、文章との向き合い方、楽しみ方を身につけていきました。

その結果、橋本先生がこの授業を始めた時には、まだ灘中学・灘高校は進学校ではありませんでしたが、またたく間に東大合格者が続出する、有名進学校になっていきました。

橋本先生のみの力で灘が有数の進学校になったかどうかはわかりませんが、国語の試験で求められる読解力、説明力がレベルアップしたことは想像に難くありません。灘出身の東大卒業生の大半が、「灘にいた時に受けた授業で、最も心に残っているのは、何であったか」という問いに対し、橋本先生の授業を真っ先にあげるそうです。いかに生徒の心の中に残っていたかがわかります。

理解することで、脳に刻まれるのです。

物事を憶えるのなら、丸暗記のほうが早いし、効率的だと考える人は多いでしょう。ただ頭に入れていく作業は、とてもシンプルなので、その気持ちはよくわかります。しかし、これでは一瞬、頭に残るだけの「短期記憶」にしかなりません。きちんと自分の力として身につけるには「長期記憶」にする必要があります。

多少時間がかかったとしても、理屈を理解し、感覚的にも納得するという手順を踏むことで、結果として、将来、忘れてしまって何度も憶え直したり、憶えたはずなのに使いこなせなかったりといった事態を引き起こすこともなくなります。

「憶えよう」とするのではなく、「理解しよう」という意識で取り組むことが、本当の意味での学び・習得になるのです。

メソッド6
「成功感情」を揺り動かす

感情の豊かさによって脳の働きは大きく変わります。

たとえば、「勉強」という行為は、ある種の苦痛や労力をともなうことは否定できません。

しかし、**記憶をつかさどる人間の大脳皮質は、知らなかったことを知ったり、できなかったことができるようになったりすると、苦痛や労力を「快」として感じる特徴があります。**

つまり、早い段階で学びを「快」ととらえる状態に変えてしまえばいいというわけです。その方法は、とても簡単です。

何かを憶えることができた、問題が解けた、今までできなかったことができたなど、どんな些細な成功であっても、できたことにしっかり目を向けることです。

「英単語を10個憶えよう」と決めたのであれば、その10個を憶えることができた時に、「よかった！」「私はすごい!!」と脳の中でしっかり「快」の気持ちを感じるのです。

もしあなたが1000個の英単語を憶えなければならないとすると、10個を憶えても、残り990個あります。「憶えなければならない」と義務感を抱いてしまうと苦痛になります。しかし、「10個憶えること」を喜びと感じられれば、あと99回、「よかった！」「私すごい」と快感を得られると脳が感じることで、がぜんやる気が出てくるというわけです。

理解と習得と「快」の関係は、深い次元で脳に影響を与えます。

「快」の気持ちは、達成したり成功したりした時だけでなく、理解できた時にも感じることができます。特に、一瞬にして腹に落ちた時は、格段に心地のよい「快」の気持ちを感じることができます。

今までわからなかったことが突然わかることを「アハ体験」と言います。これはドイツの心理学者のカール・ビューラーが提唱した心理学上の理論なのですが、その効果は、脳学者の茂木健一郎先生はじめ、多くの脳科学者ら専門家が紹介しています。

以前、茂木先生とお話しした時、この「アハ体験」についても触れられていました。茂木先生によると、この「アハ体験」とは、「『あっ』とわかった瞬間に、突然頭がよくなった気がする体験」だそうです。

また、「アハ体験」は、日常においてしばしば体験することができます。

何事も「どうしてそうなったのだろう」と興味や関心、疑問を持ち、それを自分なりに調べてみることです。そして自分なりに「なるほど！」という納得レベルに到達する時に、心の中に強い快感が湧き上がってくるのです。


まずは今日から、何か小さなものを憶えたり、何かの問題を解いたりということを行った時には、どんな些細な成功であっても、それを脳の中で「よかったなあ」「なるほどなあ」と喜び成功感情を意識的に揺り動かしてください。

この習慣が人生を変えていきます。

メソッド 7

「アウトプット」しながら記憶する

研修等で受講者の方々のお話を聞いていると、勉強や暗記の効果は「インプット」の仕方次第で変わると考えていらっしゃる方がとても多いことに気づきます。

とりあえずインプットしておいて、試験など、解答を求められた時にアウトプットすればよいのだと。

必ずしも間違いではありませんが、真実は「アウトプットして初めて、物事は脳にインプットされる」のです。

かつてアメリカのパデュー大学で脳について教えていたカービック博士が実に興味深い実験を行っています。

ワシントン大学の学生数名に対して、「スワヒリ語の単語を40個、記憶すること」という課題を出しました。スワヒリ語にした理由は、すべての学生にとって未知の言語だったからです。

まず学生全員に、40単語を憶える時間を与えます。当然、全員同じ時間です。

続いて、学生たちをA、Bの2つのグループに分け、テストを受けさせます。

Aグループの学生たちに対しては、1問でも間違ったら、最初からテストを受け直させることを繰り返しました。

一方、Bグループの学生たちに対しては、間違ったら、その間違った単語だけを集めた再テストを受けさせることを繰り返しました。

すると、1日でAグループの学生たちもBグループの学生たちも40個全部憶えられたのですが、1週間後、それぞれに再テストをしたところ、Aグループの学生たちの正答率が80％であったのに対し、Bグループの学生たちの正答率は30％にとどまったといいます。これには、Bグループの学生たちもびっくりしていました。

この実験における、AチームとBチームの差は、アウトプットの量です。

憶えたことは、随時アウトプットしなければ、記憶から消えてしまうのです。

ローマの哲学者セネカは、「人にものを教えることが、自ら学ぶ最良の方法である」と述べていますし、また「教学同時《きょうがくどうじ》」という言葉もあります。

作家の遠藤周作さんは、フランスに留学しようと決意した際、大学の授業で習ったフランス語を、そのまま同じ学年の学生にしたり顔で教えていたそうです。そうすることで、「フランス語が面白いように頭に入った」と語っています。

ただアウトプットするよりも、「誰かに教える」というアウトプットをすることで、相手に伝わるように情報を整理したり、学んだことに真摯に向き合うことになるため、どんどん頭に吸収されていくのです。

つまり、「よく教える者」が「よく学ぶ者」になるのです。

私は人の話を聞く時も、また本を読む時も、その内容を誰かに伝えるということを意識しています。そうすると、理解が進み、記憶に残ります。

実際は自分の話を聞いてくれる人がいなかったとしても、意識するだけで変わりま

オススメのアウトプット法

1　自分で架空授業をしてみる

2　人の話を聞いてそれをそのまま反復する

3　自分が理解したり感動したりした体験を人に話す

4　自分がやるべきことを実際に口に出す

5　理解したことを実体験する

6　読んだ本の内容を３分で人に話す

7　本の中で感動したものを１つ実行に移す

8　人の行動でよいと思ったものを実際に自分もやってみる

9　「あっ」と思ったことを、キーワードだけでよいのでスマホに登録する

10　学んだものをブログやＳＮＳ、メルマガ等で人にオープンにする

す。また、架空の人物が目の前にいると想定して、実際に講義をすることもあります。やりすぎのように思うかもしれませんが、実は、この架空授業は、勉強ができる人がかなりの確率で行っている方法です。

大学の同級生で非常に勉強ができた友人は、勉強というと、部屋の中をうろうろと歩きながら、勉強している内容を空中に向かって、手振り身振りをつけて講義をして憶えていたそうです。

アウトプットをしながら記憶する方法は、暗記科目だけでなく、数学など、思考が必要なものにも大変役立ちます。難しい問題の解法を、はじめから最後まで単なる数式でなく言葉と文章で話すのです。

そうすることで論理の整理ができ、隅から隅まで理解できます。

私はかつて、経営の神様こと松下幸之助翁から人間としての在り方を学びましたが、学んだことを人に伝えるたびに、心の中に深く入っていったような気がします。

また、同じようなことを実生活の中で体験した時に「ああ、そういうことだったのか」とよりリアルに理解することがしばしばありました。

アウトプットというのは自分が言葉に出すのと同時に、実体験をするということも意味します。

何かを憶える時は、インプットだけではなく、アウトプットにも重点を置き、口に出したり、人に伝えたりして情報を脳に定着させる習慣をつけていってください。

メソッド8

「反復」のタイミングを意識する

「記憶するために反復せよ！」というのは、古今東西で伝わっている真理です。

その効果と重要性は、私も日々感じていますし、研修等でもお伝えしています。

ただし、**闇雲に反復しても頭には入りません。**

ポイントを押さえて、効果的な反復を行う必要があります。ポイントは、次の３つです。

1　反復のタイミング

反復の効果については、様々な研究がなされていますが、もっとも有名なのがドイツの心理学者であるヘルマン・エビングハウスの実験です。

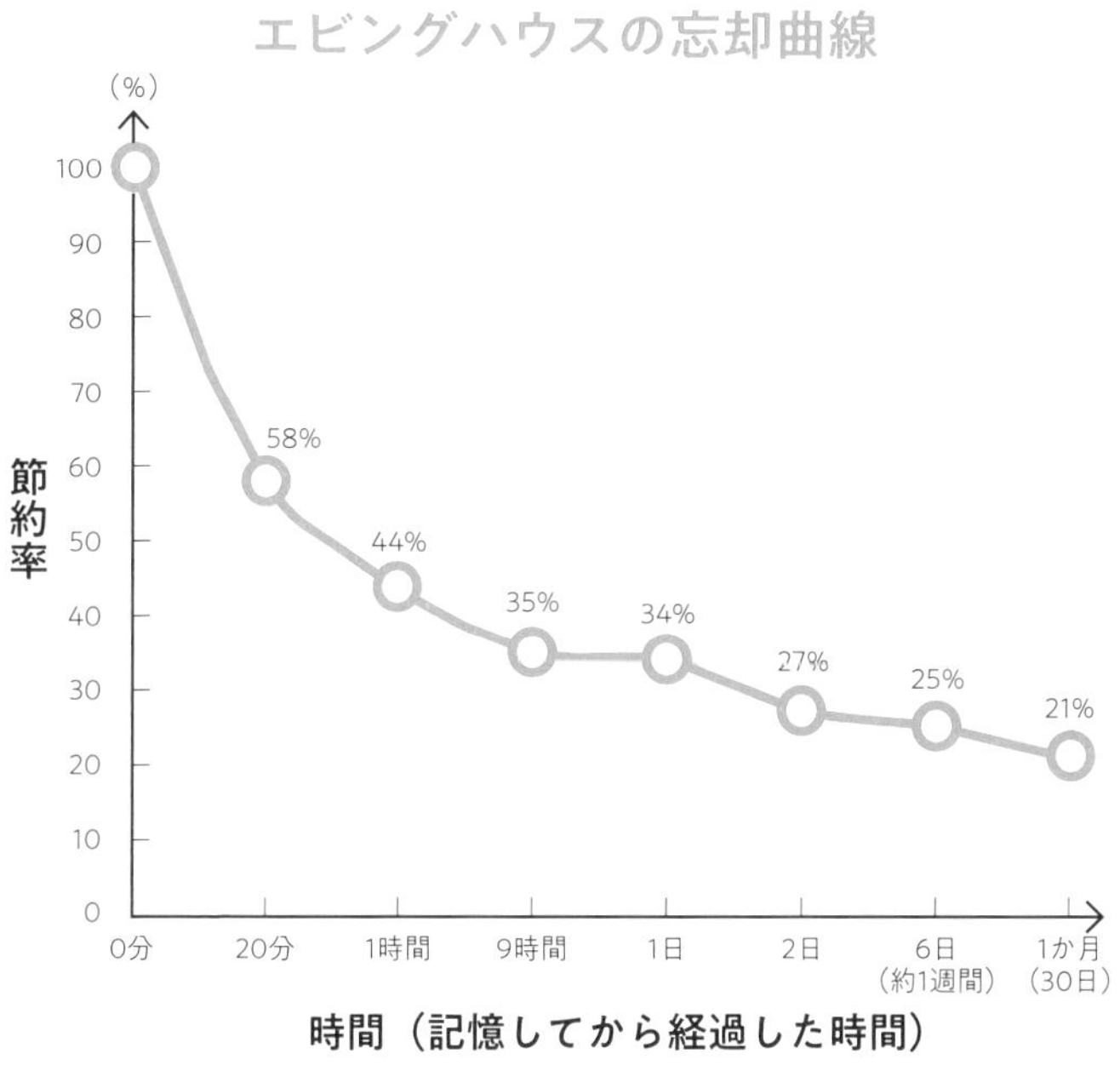

◎反復のタイミングが早いほど、記憶のし直しが短くなる

節約率とは、一度記憶した内容を再び完全に記憶し直すまでに必要な時間(または回数)をどれくらい節約できたかを表したものです。

エビングハウスの研究によると、20分後には節約率が58%、1時間後には節約率が44%、9時間後には節約率は35%、1日後には節約率が34%、2日後には節約率が27%、6日後には節約率が25%、1か月(30日)後には節約率が21%となっています。

ヘルマン博士は、被験者に無意味に並べられた3文字のアルファベットをたくさん憶えてもらい、時間の経過とともにどのように忘れていくか、また反復のタイミングによって記憶を取り戻す状況などについて調べています。

研究結果の解釈は諸説ありますが、人が憶えたことを忘れるのはあっという間であり、記憶を取り戻すには時間の経過が大きく関係することがわかります。

「DWM法プログラム（メソッド）」というものがあります。

復習を、1日後、1週間後、1か月後のタイミングで3回行うと、脳の中にしっかりと記憶が定着されるというものです。

確かにそれも1つの基準ではありますが、受講生などの様子を見ていても、復習のペースは個人それぞれでよいというのが私の考えです。

ただし、絶対に欠かせないタイミングがあります。

それは、授業の直後です。

よく、「授業ではよくわからなかったから、家に帰って復習して理解しよう」と考

DWM法プログラム

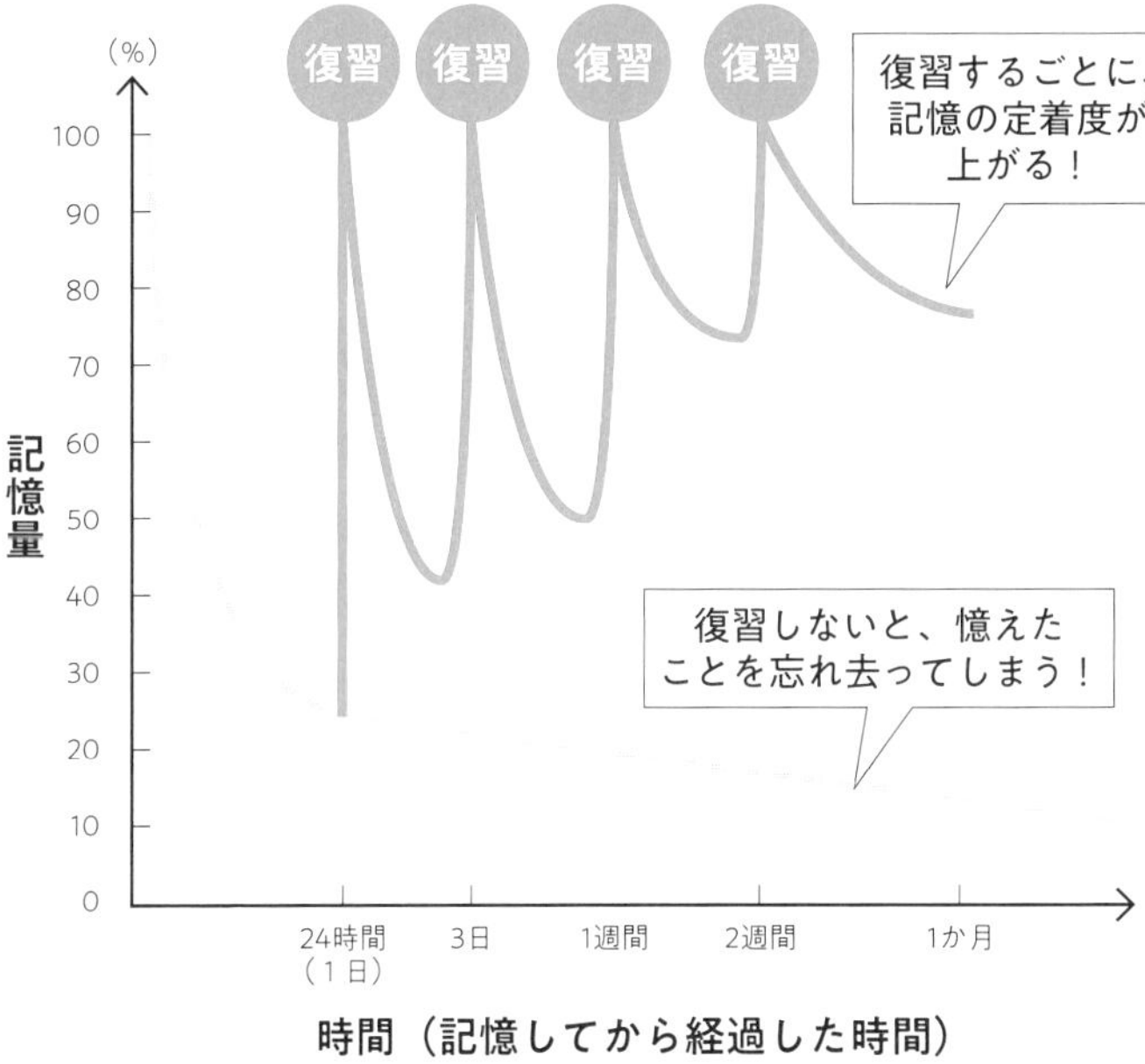

◎復習のタイミングで、記憶の定着度は変わる

DWM法は、復習のタイミングによって、どれだけ忘れることを防ぐことができるか、より定着し、長期記憶となって身につくかを表したものです。

DWMとは……
D＝翌日（Day）
W＝1週間後（Week）
M＝1か月後（Month）

える人がいますが、これはまったくの間違いです。

すぐに復習してわからなければ、その場で先生に聞きましょう。授業を聞いてわからないものを、あとで復習してもわかりません。

勉強であっても、スポーツであっても、それこそお稽古事であっても同じです。

2 反復の回数

反復の回数は多ければ多いほどよいということではありません。というのは、一日完全にできてしまったものは、繰り返しても、「逓減《ていげん》の法則」が働き、ほとんど進歩しているかどうかわからないからです。

たとえば、「りんご」というものを英語で習った時に『APPLE』だと知る瞬間があったはずですが、もはや完全に脳に入ったら、改めて繰り返し練習する必要はありません。

また、勉強直後が最も記憶していると考えるのが普通ですが、実際は、直後よりもしばらく時間が経ってから記憶が定着するという面白い原理がわかっています。「レミニセンス現象」と言われるものです。

あまり意味のない単語の綴りなどを記憶する場合は、記憶をした数分後のほうが脳に定着し、運動や音楽など、何かの行動をする場合は、数日、あるいはもっと長い時間を経て記憶の定着が起きるといいます。

前者をワード・ホブラント効果、後者をバラード・ウイリアムズ効果と呼んでいるのですが、私自身は音楽においてしばしば体験しています。

何度も練習しているのに、なかなかできない。しかし、しばし休んで再びやってみると、以前には非常に難しかったことが難なくできているのです。

私はピアノや篠笛《しのぶえ》、サックスを演奏し時々ライブをしたり、プロのオーケストラを持っていて、年に一度は指揮をしたりしています。ベートーベンやチャイコフスキーのシンフォニーなどを指揮する時などは何度も何度も練習します。当然、はじめのうちはできないのですが、ある瞬間に突然できるようになります。それ以降はできるのが当たり前になります。前にできなかったことが嘘のようです。

これは不思議な体験です。この時のコツは、やはりある一定の時間集中してそれに取り組み、その後、しっかり休息する時間を持つことです。

そうすると脳の中で、何かのシナプスの配線がガチッと繋がり、それを実現化させてしまうのです。

私は「やり続けていたら必ずレミニセンス現象が起こる」と信じて取り組むようにしています。そのため、今、この瞬間にはできなくても、焦ることなくそれをやり続けることができます。

このレミニセンス現象を体験した人たちは、自分のレベルが一段階明らかに上がったことを感じます。

それはとても心地よい、目の前の霧がサーッと晴れたような爽快感をともないます。

みなさんは英語を話す時に、今まで必死に聞いていてもなかなか聞き取れなかったのにある日突然、リラックスしていてもわかるような体験をされたことはないでしょうか？　これなどもレミニセンス現象の１つです。

人間の進歩は段階的に起きる（レミニセンス現象）

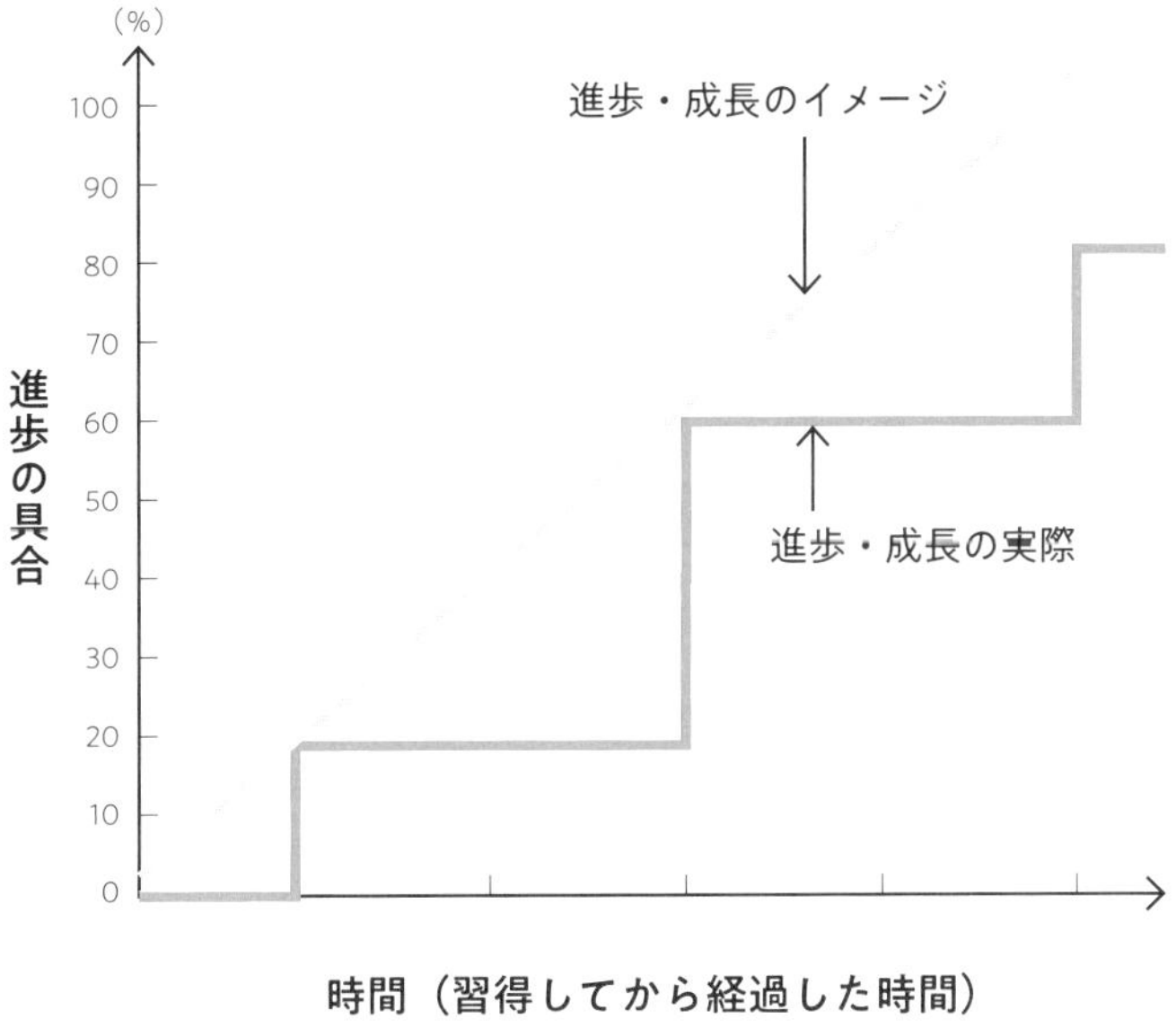

◎人間の能力は直線的に伸びていくわけではない

段階的に「できる」瞬間が訪れ、その繰り返しでできるようになっていく。

私はかつてミシガン州のアナーバーという都市に、交換留学生として滞在していたことがあります。ある時、それまで必死に聞いていてもなかなかわからなかった英語が、ミシガン大学のカフェテリアでプロフェッサーたちと話をしていたら、突然、すべての意味がわかり、肩の力が抜けて会話ができたのです。それからは、眉間にシワをよせなくても意味を理解できるようになりました。それはとても不思議な体験でしたが、これも、レミニセンス現象の1つと言えるでしょう。

人間の進歩は、段階的に起こります。ですから、一見停滞しているように見える時でも、自分の心の中で「必ずできるようになる、今はその前の潜在的に脳に情報が蓄えられている時だ」と思うことで途中で投げ出さずに進んでいけるのです。

あらゆる学問において、突然目の前の霧がすっきりと晴れるような進歩が感じられ、昨日まで理解できなかったり、わからなかったりしたことが把握できるようになる瞬間が訪れます。

3　反復の深さ

人間の脳の特徴として、同じことをし続けたり、同じものを使い続けたりしていると飽きてしまうという習性があります。

「一通り読み終えたからもういいや」と新しい参考書に替える。目覚ましい変化が訪れない時は、まだ4～5割しか、その参考書や問題集を使っていなかったとしても、「他にもっといい参考書があるのではないか」と、別の参考書に乗り変える。受験勉強の時などに、そんな経験をしたことのある人もいるのではないでしょうか（おそらく新しく投入された参考書も結局は同じ運命を辿ったことでしょう）。

自分に合った参考書、問題集を使ったほうが集中できるし、よい結果も出る。それは確かに一理あります。

ですが、記憶を確実なものにするには、深く頭の中に入れていくことが大切です。それには、何度も何度も繰り返すこと。そうすることで、すぐに忘れない、確実に深い記憶となっていきます。

受験勉強であれば、「もっといい参考書があるのでは」といった迷いに振り回されずに済むように、信頼のおける人にあらかじめ参考書を推薦してもらうといいでしょう。そして選んだ参考書を徹底的に反復し、中に書かれていることは、どんなことでもすべて答えられるようにするのです。

深く頭に入っているかどうかを確認するのは、とても簡単です。

たとえば、英単語が深く頭に入っているかどうかを確認するとしたら、単語を見て1秒以内に意味が頭の中に浮かべばＯＫ。「えーっと、この単語の意味は何だったたっけ……？」と考え込んでしまうようでは、記憶のレベルが浅いということです。

ただし気をつけていただきたいのですが、意味がわかるというのは、日本語で説明できるということではありません。英単語を見たとたんに、その言葉が示すものをイメージできるかどうかです。「英語を英語のまま」認識するものだからです。

人は、深く頭に入った記憶は、瞬間的に思い出すことができます。それが、身につくということなのです。

ここまで記憶力を飛躍させる重要なポイントについてお話ししてきました。

最後に1つ、お話があります。

かつて、雑誌『サイエンス』で面白い実験がされました。

200人の学生に対し、ある文章を読ませて、一定時間後、その内容についてどれだけ憶えているかを検査したのです。

学生たちは、3つのグループに分けられ、それぞれ次のように過ごしました。

Aグループは、文章を1~2回読んで終了。

Bグループは、10回ほど繰り返して読む。

Cグループは、本を読む回数は関係なく、その内容を自分なりに咀嚼《そしゃく》し、感想文としてまとめた。

結果はどうなったと思いますか?

当然、1~2回読んだだけのAグループの成績がもっとも悪かったのは、言うまでもありません。

Ｂグループは、10回ほど繰り返し読んでいたため、1位になる自信があったのですが、結果は、圧倒的な差でＣグループが優勝。彼らは、感想文を書く際に自分の考えをまとめたことで、文章の内容をしっかり理解し、記憶できていたのです。


もうお気づきだと思いますが、この実験で優勝したＣグループは、本章で紹介した8つの秘訣をうまく活用していたのです。

みなさん、ぜひ、「8つのメソッド」を自分なりに咀嚼してまとめ、人に話してみてください。

必ず、今までとは違う記憶の体験をされるはずです。

第4章

「脳力」の効果は集中で変わる

1 集中力が人生を大きく変える

ここまで、記憶力についてたくさんお話ししてきましたが、いかがでしたでしょうか。

頭の中を整理し、憶えるテクニックを身につけることで記憶力はぐんと高まります。

しかし、賢く頭を使うには、憶えたことを発揮できる力が必要です。

それが、集中力です。

習得したテクニックを活用していくらたくさんのことが記憶できたとしても、そのよさをしかるべきタイミングで発揮できないのであれば、まったく意味を成しません。

たとえば、資格試験。

さんざん頭に詰め込んできたとしても、試験時間中に答案用紙に書き出すことができなかったら（答えられなかったら）、どんなに頑張って勉強してきても、不合格になってしまいます。勉強したことはとても大事ですし、今後の人生にも役立つと思いますが、合格するために勉強をしてきたわけですから、やはり試験時間中に力を発揮できなければ頑張りが報われません。

ここぞという時に自分が持つ最大限の力をきちんと発揮する。これが、集中力の働きです。

では、集中力を働かせると聞いて、みなさんはどんなイメージを抱くでしょうか。1つの物事に対して、眉間に皺《しわ》をよせて、頑張っている姿を想像しませんか?

しかし、集中するのに、頑張りは必要ありません。

あなたは、時を忘れて没頭していたら素晴らしい成果が生まれて心から満足できたという体験はありませんか?

この心の状態を研究したのが、いわゆる「ポジティブ心理学」を提唱したアメリカの心理学者、ミハイ・チクセントミハイです。

彼はまず、集中状態について「今行っていることに心が100%熱中して、他のことにまったく気が行かない状態」と定義づけ、「フロー状態」と名づけました。

フロー状態に入ると、「自我の喪失」と「時間の加速化」が起きます。「自我の喪失」とは、何かをしている自分と対象が1つになることです。「時間の加速化」とは、それを行っている時間が、あっという間に過ぎ去ったように感じることです。

このフロー状態が最高値に達すると、「ゾーン」とか「ピークテンション」という状態に入ります。

昔、打撃の神様と言われた元プロ野球選手、川上哲治氏が「ボールが止まってみえる」と言ったそうです。実際、130キロを超えるボールが止まって見えるはずないのですが、このように時の流れが変わるほどの状態になるのです。

ただし、フロー状態が、成功の結果を約束しているものではありません。

むしろ、「フロー状態に入るとすべて成功する」と意識すると、フロー状態に入れなくなってしまいます。あくまでも「無心」で向き合うこと。それによって、満足のいく結果が生み出されるのです。

集中すればするほど、脳の働きも高まり、結果もよくなります。

1点に集中すると効果も高まる

世界中を照らす太陽の光(日光)を
虫眼鏡を使って集めたことで
火がつく(煙が出る)
※集めないと火はつかない

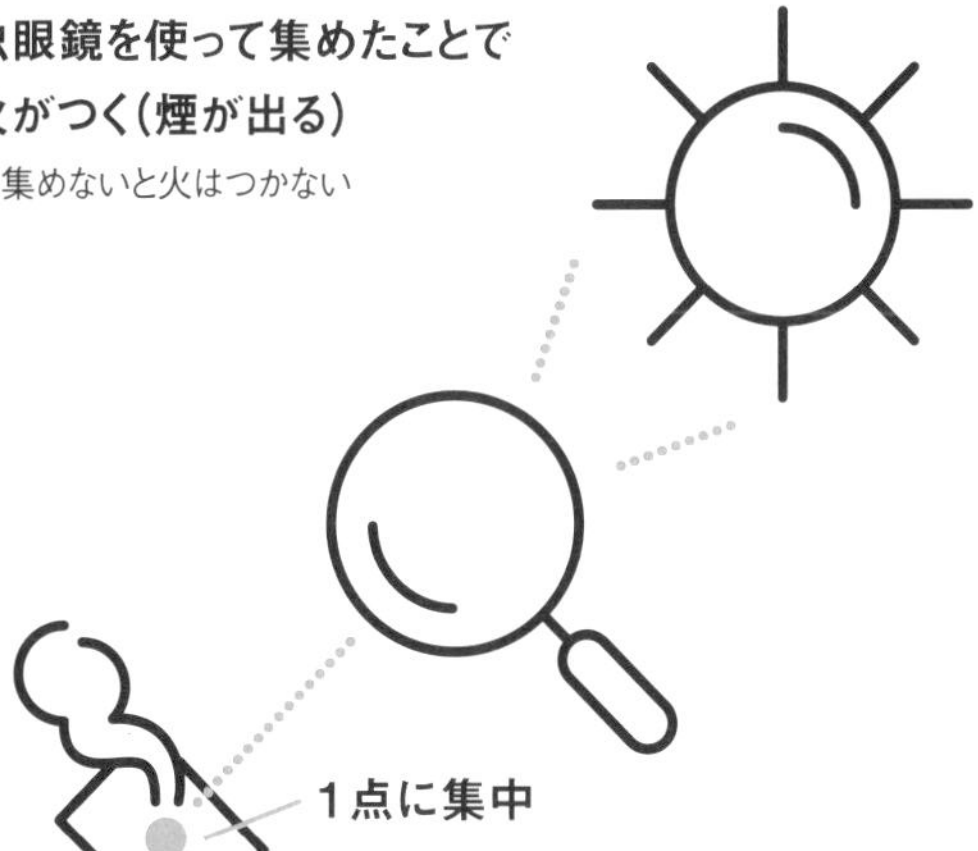

**目指す点を1つに絞る(集中する)と、
より効果を発揮する**

集中力とは「集中できる状態（集中状態）を作り出す力」と言ってもいいでしょう。

力とついていますが、集中力はパワーで発揮するものではなく、コツを押さえることで発揮されます。

本章では、集中力を自分の意志で使いこなせるようになるためのコツをお話ししていきます。

集中力を自分の意志で使いこなせるようになると、しかるべきタイミングを逃さずに済みます。また、今まで不可能だと思っていたことや、自分が実現したいと思っていたことであっても、集中して力を注ぐことにより短い期間で実現に近づきます。

集中力を自分の意思で操れるようになることで、人生は大きく変わるのです。

それでは、集中力を高める9つのコツについてお話ししていきます。

2 「やりたい」と思って始める

人が何かを始める場合、およそ二通りの動機があります。

「主体的動機」と「受動的動機」です。

自分自身が率先して取り組む「主体的動機」の場合は、比較的集中状態を生み出すことができます。

私自身、趣味で卓球をしたり、音楽をしたりしますが、時間があっという間に過ぎ去ります。

一方、人から依頼されたり、指示を受けたりして取り組む「受動的動機」の場合は、そうはいきません。義務感に覆われるからです。

義務感で行うと、効率が落ちたり、ミスを連発したりして時間をロスしてしまいます。

「面倒くさい」という意識は脳の働きを止めてしまうのです。
「受動的動機」に基づく行為であっても、それを「はい、喜んで」という気持ちで取り組めば問題はありません。自分にとって、本当にうれしいことなのか、喜ばしいことなのかがわからないことであっても「やりたい」と思うことで、脳は「快」だと理解し、働き始めます。

脳のスイッチを入れるためにも、頼まれたことをするときは「やらせてください」と受けるようにすることで集中力が高まります。

学生の時、学校行事の運動会なのに、リレーや綱引きなど、夢中になって練習しているうちに、「頑張ろう」「勝ちたい」という気持ちになって本気で取り組み、勝った時は心から喜べたなんて経験はないでしょうか。

かつてホリエモンこと堀江貴文さんが、ライブドア事件で刑務所に収監されていた時の面白い体験を語っていました。

彼にとって、日々、封筒貼りなどの単純作業を延々と続けることがとても苦痛だったそうです。

ある時、あまりにつまらないので、「同じ時間で、どうしたらたくさん封筒貼りを仕上げられるか工夫してみよう」と思い立ち、いろいろ試し始めたところ、自分なりに目標を持ったとたん、がぜん、その作業が面白くなったのだといいます。

はたから見ると、封筒貼りをしているという行動は一緒でしょう。

しかし、実態はまったく違います。

結果としてホリエモンは、ノルマの50枚を超える78枚を達成したそうです。

つまり、人から依頼されたり、指示を受けたりしたことであっても、自分がやりたいことに変えてしまえばいいのです。

たとえば、「しなければならないこと（受動的動機）」に取り組む時は、1分間ほど目をつぶり、「なぜ自分はこれをするのか」「これを行うとどんなよいことが起こるのか」、すべき理由を考えてから始めてください。そして気分を明るくして、その作業を終えた時の爽快感をイメージしながら取り組む癖をつけることです。

3 結果より時間を重視する

何かに取り組む時、大きく「この時間内でやる」という時間重視か、「できるまでやる」という結果重視か、いずれかに分かれます。

集中状態を生み出すには、どちらかに決めるのではなく、この「時間重視」と「結果重視」の両方を意識することが必要です。

「時間重視」で時間を区切って何かに取り組む場合は、とにかくその時間内は、集中して取り組みます。そして、時間が来たら、どんな結果であったとしても、「これでよし」と、自分の頑張りをそのまま認めます。同時に「次は、ここからやるぞ」と、次回の自分の頑張りに期待し、そのことを脳に刻んでから作業を終えます。

「結果重視」の場合は、それに取り組んでいる間中、仕上がった時の「うれしさ」を心の中でイメージしながら取り組んでいくことがコツです。

内容によっては、時間を定めて取り組むことが難しいものもあるでしょう。

しかし、最初から時間設定をしなければ、意識がボヤけて集中状態が作れません。「結果重視」の案件であったとしても、「一定の時間が経ったら途中であっても、必ず休憩を取る」と決めて取り組むことです。

時間を意識せず、長時間取り組むことも決して悪いとはいいませんが、終わりの時間を設定していないと、脳が疲れますし、意識が散漫になりやすく、満足のいく結果を生み出せなくなってしまいます。

かつて国民教育の父と言われた森信三《のぶぞう》先生は「5分の時間を活かせない人間はたいしたことはできない」と言われましたが、本当にその通りです。

どれだけ短い時間であっても、それこそたった5分であったとしても、「この間にハガキを1枚書こう！」と思うことで、その5分が活きてくるのです。

4 ゴールした時の自分をありありとイメージする

何かをする時は、必ずゴールがあります。

そのゴールに向かって粛々《しゅくしゅく》と進んでいくわけです。

人はゴール地点が明確であるほうが、やる気が湧いてきます。

何事につけ、それができた状況（ビジョン）をありありと頭の中で思い浮かべることが大切です。

たとえばプロゴルファーは、打つ前から自分がこれから打つ球の弾道がありありと見えると言います。弓道の達人も弓を構える時に、自分の手から離れた矢が的に吸い込まれていく感触があるのだそうです。いずれも、どこを目指してボールを打つか、弓を放つか、つまりゴールが明確です。

そのため、できた状況、未来を想起できるのです。

未来の映像をありありと思い描くことができた時、それが脳の中で起こっている映像なのか、現実に起こっていることなのか、その境目がなくなっていきます。

すると脳は、現実を脳の中で起こっている映像に重ね合わせていく行動を取り始めるのです。映像が鮮明であればあるほど、そこにワクワクとした感情や、やろうという意欲も生まれてきます。

時間軸でいうと、当然未来は今より後にきます。しかし自分の脳が、いろいろな妨げを排して、自由に活動している状態、すなわち先程お話しした「意識のフロー状態」になると、今と未来が渾然一体となってきます。つまり、想起した未来が実現するというのを、当然のこととして脳が認識するのです。

反対に、ゴール地点が見えない、もしくは絞り切れないと、どこに集中して力を発揮すればよいのか、また、脳もどこを目指せばいいかがわからないため、意識も散乱してしまいます。当然、集中もできず、フロー状態に入ることは不可能です。

あなたが何かに取り組もうとしているなら、達成できた瞬間、つまり、その時間が終わった時に、どのような素晴らしい結果を生み出しているのかを多少強引でも構いませんので脳の中ではっきりイメージしてから、開始することです。

自分の行動が最終的にどうなり、実現した時にどのように喜んでいるかを思い描いてから始めると、そこに至るプロセスが楽しくなります。

当然、脳も「快」を得られるので、より力を発揮します。

作業を始めるのが、ゴールをイメージすることによって数分遅れたとしても、非常に効果的なので、必ず行ってください。

5 アイビー・リー・メソッドで「忙しい」をカットする

みなさんは、普段、「忙しい」という状態がどのようなものであるか、明確に理解しているでしょうか。

ほとんどの人が「やるべきことがたくさんある状態」だと考えていることでしょう。

実は「忙しい」という意識と「やるべきことの数」とは必ずしも相関していません。

正確に言うと、「忙しさ」とは、「何かをしている時に、別のやるべきことが脳に浮かんでくる状態」のことを指します。

つまり、10個やるべきことがある人も、目の前のこと1つだけに意識を集中できていたら忙しくありません。反対に、やるべきことが2つしかなかったとしても、1つのことを行っている時に、もう1つのやるべきことが脳の中で点滅していたら、「忙しい状態」であるというわけです。

そもそも人間は、本能的に複数のことが気になるようにできているため、頭の中に複数あることが普通の状態となります。

では、どうしたら頭の中を1つのことだけにできるのか。

それは、すべきことを整理して、心おきなく目の前のことだけを考えられるようにすることでしょう。

すべきことを整理するには、「TO DO リスト」を作り紙に書き出す方法もありますが、ここではシンプルでもっとも有効なタスク管理術である「アイビー・リー・メソッド」を紹介しましょう。

アイビー・リー・メソッドは、「1つの作業が終わるまで、次の作業をやってはいけない」というルールです。これは、アイビー・リーさんというアメリカの経営コンサルタントが、ある大きな鉄鋼会社の会長から、「毎日、忙しくて頭が混乱している。

なんとかしてほしい」という依頼を受けて提示したもので、１００年以上もの間、世界中で活用されています。

このメソッドを使うことによって、非常に効果的に「忙しい」という感覚が払拭され、「忙しさレベル」が格段に下がり、安心して目の前にあるものに集中できます。

「アイビー・リー・メソッド」は、次の６つのステップで行います。

アイビー・リー・メソッド

1 その日すべきことを6つ書き出す

ただし、「15時に○○さんと仕事の打ち合わせをする」というように、すでに予定として決められていることは書き出しません。

なぜ、すでに決まっている予定を書き出さないのかというと、このメソッドは、「何かをしている時に、他のことに意識が散らないこと」「緊急ではないけれども重要なこと」に意識を向けて自分の時間の質を変えることに、その最大の主眼があるからです。

2　書き出した6つに順番をつける

自分が取り組むべき順に（重要なものから）番号をつけていきます。

3　「1つの作業が終わるまで、断固として次のことをやらない」と決め、メモに書いた順番に従って1つずつ実行する

1つ作業を終えるごとに、「よし」と言って、心の中で喜びの満足を意識的に味わう時間を持ちます（時間の長さは関係ありません）。

4　1〜3を繰り返す

5　できなかったことは後悔せず気持ちよく受け入れる

6つのうち2つできなかったとしても、それを苦にするのではなく「それでよし」と、心の中で踏ん切りをつけるのです。

6　明日やるべきことを6つあげる

前日にできなかった残りの課題を、次の日の1番目の課題にするのも1つです。

ただし、必ずしも最優先にする必要はありません。できなかったことを翌日

の最優先事項にしていくと、できなかったことの課題が日に日に膨れ上がってしまいます。

このメソッドのポイントは、「1日を1日でリセットする」ことなので、前日できなかったものが、次の日に実行することが自分にとってもっとも価値があると思えば、それを最優先にしてもいいですし、さらに価値のある課題が出てくれば、その順位をあげても構いません。

アイビー・リー・メソッドを実行する時のポイントは2つです。

まず、課題に取り組んでいる時に別のことを頭の中で考えないこと、そして、その課題ができあがった時に、「うれしい」という喜びの感情を持つことです。

今まで何千人もの人たちに集中力のトレーニングをしてきましたが、多くの人がこのメソッドを通して満足いく結果を生み出しています。ぜひ試してみてください。

6 集中力の要、ウィルパワーを温存する

ウィルパワーと言う言葉をご存知でしょうか？

集中力を高めるには、ウィルパワーを上手に活用することです。

ウィルパワー（WILLPOWER）とは「意志力」のことで、アメリカの心理学者ロイ・バウマイスターが提唱した概念です。

彼の著書『WILLPOWER 意志力の科学』（インターシフト）によると、ウィルパワーは「何事かを成し遂げたい」という意志のことであり、定性的なものではなく、総量が決まっているため、使うと減ってしまうものだそうです。

決断や判断、選択をするたびに、ウィルパワーは減っていきます。

ウィルパワーが消耗すると、いつもよりいろいろなことが気に障ったり、頭や体を

働かせることが嫌になったり、物事を決めるのが億劫になったりします。

たくさんの判断を下さなくてはならなかった時、さして肉体的な活動はしていないのに、疲労がたまり、何もしたくなくなった、そんな経験はありませんか。

これも、ウィルパワーが消耗しているということです。

こんな状態ですから、集中力も当然低下してしまいます。

その分、自分で意識的にウィルパワーを補充していく必要があります。


ウィルパワーを増やすには、グルコース（ブドウ糖）を不足させないことです。

グルコースは脳の主なエネルギー源となり、摂取することで記憶力を高め、その効果は血糖値が高いほど有効であるという研究結果が出ています。

朝食をとる、疲れた時におやつをとる、残業で疲れて帰ってきた時は夜食を食べることで脳のパフォーマンスを上げることができます。

アクティブメソッドの研修の際、私は、チョコレートなどのおやつを会場に置いておくのですが、受講生のみなさんは、休憩時間になると、パクパク食べています。

そして「頭使うと甘いものが欲しくなるね！」とおっしゃいます。

それだけ、集中すると脳が疲れるということです。

また、ウィルパワーは「選択」を繰り返すことで減っていきますから、余分な選択はしない習慣をつけることです。

つまり、意思決定を行うシーンを可能な限り減らすのです。

もっともシンプルな方法は、毎日の行動を習慣化してしまうことです。

たとえば、着ていく服も含めて朝の準備を前の日にしておく。そうすることで、「何を着ようか」「何を持って行こうか」など朝から悩んで、無駄にエネルギーを消耗せずに済みます。

ほかにも、平日の朝食のメニューを決めておく、乗る電車を決めておく、些細なことからルーティン化していくことです。

朝の時間にうっかり探し物などをしようものならウィルパワーは急速に減っていきます。何も考えることなく家を出られるのであれば、ほぼ消耗していない状態で1日を始められます。

この方法は、日々、大量の仕事に忙殺され、疲労困憊《ひろうこんぱい》してしまう人にとって、かなり強力な特効薬になります。

これをやっておけば大丈夫という意識を持つことができるからです。

私は、こうすることによって、日中の大切な決断や判断においての疲労感がかなり軽減されたことを感じます。ぜひ実践してみてください。

7 意識を乱すものを視界から遠ざける

人間の意識は、視覚に大きく影響を受けています。

たとえば、仕事や勉強をする時に、机の上にマンガ本やゲーム、スマホがあったり、テレビがついていると、ついつい意識がそっちに向かってしまい、「ちょっとだけ……」と、休憩に入ってしまい、気づいたらずいぶん時間が過ぎてしまっていた、そんな経験を持つ人もいることでしょう。

脳は楽しいことが大好きなので、どうしても苦痛に感じるものより楽しいことのほうに気が散ってしまうのです。

集中したいのであれば、集中できる環境を作る必要があります。

仕事や勉強をするのであれば、机の上をすっきりと片づけてしまうのです。これから取り組む仕事や勉強に関するもの以外、視界からすべてなくしてしまうのが、理想です。

最大の敵がスマホです。

これから行うタスクのためにスマホを置いているのであれば構いませんが、いつもの習慣で近くに置いておくのは、NGです。メールやラインなどのメッセージは、こちらの状況に関係なく届きますので、マナーモードにしていても、その都度、集中が途切れてしまい、結果として、仕事や勉強が捗らなくなってしまいます。

机の上に置かれる情報を最小限にすることで、仕事や勉強に集中するほかない環境を作るのです。

最近、オフィスに大きなテーブルを設置し、社員が自由に移動して仕事をするスタイルが流行っています。共有スペースなので余計なものは置かれていません。とても、理にかなっている施策だといえます。

また、あるホテルでは、お客様に読書に没頭してもらうために、フロントで携帯電話やスマホ、パソコンなどを預かるという試みをしているところもあります。

目の前にあるのは、読む本だけ。つまり、「本を読むこと」に集中せざるを得ない環境を、ホテルが演出してくれているのです。私はまだ行ったことはないのですが、評判は上々のようです。

脳は好奇心旺盛なので、視界に入ったり、音が聞こえたりなど五感が反応すると、すぐに新しい情報にアンテナを向けてしまいがちです。

そうならないために、集中したいことがある時は、意識を乱すものは視界から遠ざけてから始めることです。

集中できる環境を作る

**机の上にモノが散らばっていると
目や意識も散漫になり、
脳も集中できず効率が悪くなる**

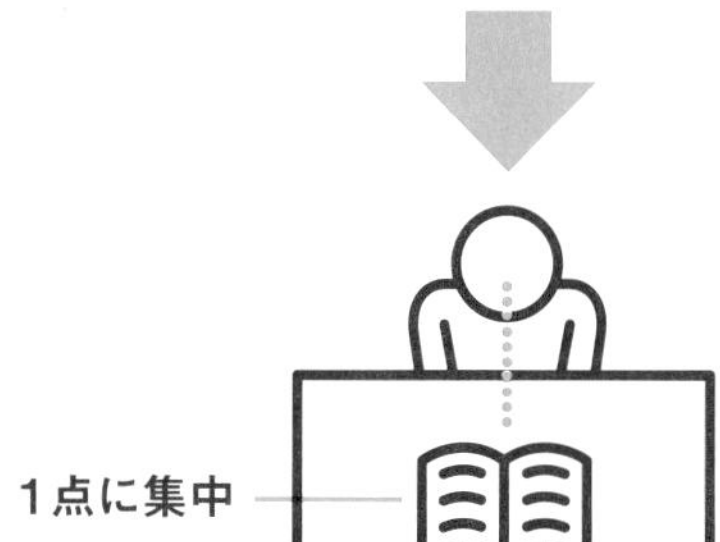

**机の上にすべきことだけを置くと
目や意識も集中し、脳も集中して効率よく働く**

8 集中できる時間帯をあらかじめ確保する

多くの人が、次のような悩みを持っています。

集中できている時に限って、電話や来客、部下の相談などによって、集中状態を途切れさせなければならないというものです。

仕事ができる人ほど、こうした悩みがついて回ることでしょう。

いったん、集中が途切れると、再度エンジンをかけるのに非常に労力がかかります。なかなか集中状態に戻れず、イライラしてしまい、一層集中できなくなってしまいかねません。

こうした事態を避けるには、集中状態を妨げる状況を作らないことです。

集中したいタスクがあるのであれば、来客も電話も部下の相談も引き受けない時間を設定し、その間はたとえ電話が来ても、よほど緊急のことでなければ、2〜3時間後に対処するのです。あらかじめこちらから何時に連絡をすると伝えておけば、決して相手に対して失礼にはあたりません。

また、このことを周囲に伝達しておけば、周りも協力してくれます。

それでも、今すぐ対応しなければならない事態が起きることもあるでしょう。

その時は、それがあなたの仕事の本質的な属性であると覚悟を決めて対応し、これを「仕事の中断」とみなさないことです。エンジンを切ってしまったわけではなく、一瞬ブレーキを踏んでいるだけなので、軽やかにリスタートできます。

スムーズにリスタートするために、必ず次のことを行ってください。

「今、自分は○○をしていて、席に戻ったら、○○から続きを始めます」

と宣言してから、そのタスクから離れる、それだけです。そうすると仕事に戻った時に、スムーズに続きができます。

9 気持ちよく集中に入るためのルーティンを作る

元メジャーリーガーのイチロー氏が、打席に入る時は、背筋を伸ばして後傾気味に重心を取り、右手でバットを垂直に構え、左手を右上腕部に添えて袖をひき、ピッチャーと対面していたのはみなさんご存知でしょう。

これは、彼がバッターとして集中して臨み、最大限の力を発揮するための儀式です。

つまり、集中状態に入るための儀式を決めてしまえば、自分の意志で集中のスイッチを入れることができるようになるのです。

儀式の決め方には、4つのポイントがあります。

1 集中状態に入ることのできる時間を知る

よく、「朝は集中できる」と言われます。だから、早起きを勧める方もいます。実際、1日働いたあとの疲労している夜の時間帯に集中できないのは当然です。

しかし、多くの人を指導してきた中で言えるのは、必ずしも集中状態に適しているのは朝であるとは限らないことです。イギリスのバーミンガム大学のエリース・フェイサー＝チャイルズ博士の研究によると、人によって夜型、朝型の違いがあり、それは変えられるものではないことがわかっています。

また、食事をして胃に血液が結集している時に、集中状態を作ることは非常に難しいでしょう。

これまでの自分を振り返って集中ができた時の共通点を探してみてください。その時間帯を集中する時間に定めることです。

2 脳が気持ちよくなる場所を知る

脳が気持ちよくなる場所を選び、そこで過ごしましょう。

3回深呼吸すると心がふと軽くなったり、意識が散乱したりしない、いわゆる心が落ち着く場所が、脳が気持ちよくなる場所です。

人によって脳が気持ちよくなる場所は違います。図書館がよいという人もいれば、トイレの中がよいという人もいるでしょう。

たとえば私は、自宅の書斎ではあまり仕事をしません。文章を書くのは、ほぼ毎日乗っている新幹線の中や空港のラウンジ、飛行機の中、そしてお気に入りのカフェの定位置です。まったくの静寂よりも、少し人の声のざわめきが聞こえる場所のほうが、脳が集中状態を生み出すことができるからです。

人のマネをするのではなく、自分にとっていい場所はどこかを選定しましょう。

3　脳波が整う状態を知り、準備する

①音楽

集中するには脳が穏やかであることも重要です。

脳の集中力を高めるには、音楽はとても有効です。

人の脳は常に様々な対象に意識が散乱する傾向があります。この時、脳の波動に適

合した音楽を聴くと、脳の波動が整うのです。

よく「モーツァルトを聴くと脳の働きがよくなる」という説もありますが、必ずしもそうとは限りません。また、自分の好みの曲がよいかというと、メロディに聞き入ってしまってかえって集中を妨げるため、好きな曲がよいとも言えません。特に歌詞が入っている曲は、言葉に意識が飛んでしまいやすいので避けましょう。ビートが利きすぎているものも心拍数を上げてしまい、ふさわしくありません。

私は「集中力を高める音楽」というヒーリングミュージックの中から20曲くらい試し、実際に集中力アップに役立った3曲を聴いています。

どんな曲が自分にとってよいかどうかの見極めは、実際に聴きながら仕事をしてみて、集中状態を生み出すことができたかどうかです。いろいろ試してみるとよいでしょう。

②空気の温度と湿度、におい

「寒い」「暑い」「息苦しい」「くさい」など、快適とは言えない環境は、脳がイライラを起こすため、効率が低下してしまいます。空気、温度、湿度、においなどは注意を払いましょう。

評論家の渡部昇一先生は、その著書『知的生活の方法』（講談社現代新書）の中で、室温について強く言及しておられました（部屋にエアコンをつけるのは、贅沢でも何でもなく、受験生にとっては当然のことだ、など）。

アロマなどを活用して、脳に大きな刺激を与えることもできます。

香りを感じる「嗅覚」は唯一、情動（感情の動き）に直接伝わる感覚であり、脳に働きかける作用があると、茂木健一郎先生がおっしゃっているのを聞いたことがあります。いい香りをかぐと幸せな気分になり、嫌な香りをかぐと不愉快な気分になるのも、それだけ脳が「香り」に対して繊細だということです。

ただし、心を安らげる香りであっても、強すぎると、かえって集中を妨げるので気をつけましょう。

4　集中状態にもっていくルーティンを行う

バッターボックスに立つイチロー元選手のようにルーティンとなる動作を決めて行

います。

たとえば私は、1分間目をつぶり、深呼吸をしたあと、30秒ほど万年筆の先端を見つめて、脳が目の前のこと以外に向かなくなった状態で仕事に取り組み始めます。ルーティンを自分で作ってみてもいいでしょう。

普段、自分が集中している時に、どんなしぐさをしているかを、冷静に観察してみるのも手です。

私が学生の頃、英語の教授が「文豪サマセット・モームは文章を書く時、気が乗らないと、ノートにとにかく「○」「×」「△」を書き綴っていた。そうしているうちに、ふと気持ちが軽くなり、書く気が起こってくるのだ」と話をされたことがあります。

気持ちが乗らないとなかなか集中できません。しかし、モームのように、自分の脳を意識的に集中させる方法として「自分流の儀式」を考案しておくのもオススメです。

何かに取り組む時は、少なくとも1分くらいは深呼吸をして、意識を整えてから始めることで、集中のスイッチが入りやすくなります。

自分にとって集中できる最良の状況はどういうものか、探して取り入れましょう。

10 睡眠の質を高める

集中するうえで非常に重要な要素に、身体のコンディショニングがあげられます。

疲れていたり睡眠不足であったりすると、どんなに頑張っても集中状態は生まれません。

理想の睡眠時間については「6時間がいい」「8時間がいい」とか、レム睡眠とノンレム睡眠が1時間半ごとにくるので、その周期に合わせて起きるべきだなど、諸説ありますが、実際は、個人差が大きすぎて、どれが正解か明確な基準はありません。

ただし、昼間なのに眠い、倦怠感があるようなら、れっきとした睡眠不足です。これでは、集中はできません。

自分は1日何時間寝ると頭がスッキリし、体調がよい状態でいられるのか、数日自分の状態を確認し、自分に合った睡眠を十分にとりましょう。昼食のあと20分間ほど昼寝をするのもオススメです。昼寝をする前にコーヒーを飲むと目覚める時にカフェインが効いてきて脳がスッキリします。試してみてください。

ただし、気をつけるべきなのは、睡眠は時間より、質のよさが重要だということ。

まず、寝る前にスマホを見るのはやめましょう。

スマホの液晶画面が発するブルーライトは、睡眠を誘発するホルモン「メラトニン」の分泌を阻害するため寝つきが悪くなったり、眠りが浅くなったりします。また、スマホのブルーライトによって交感神経が優位なままになってしまうこともわかっています。できることなら、睡眠の2時間前からスマホを見るのをやめ、枕元にも置かずに眠りましょう。

最近、「スマホによる脳過労」「オーバーフロー脳」などと呼ばれ、スマホの脳への悪影響が取りざたされています。スマホの使いすぎが原因で、脳に異常をきたす人が増えているという指摘が医師や研究者の間で相次いでおり、前頭葉の血流が減少するという結果も出ています。

いずれも、集中力を高めるうえでは悪影響を及ぼします。

ほかにも、食事は床に就く3時間以上前にすませて胃腸を休める、就寝する1時間半ほど前に40度くらいのぬるめのお湯にゆっくりつかって体を温めるなど、睡眠の質を高める方法を上手に取り入れると効果的です。

リラックス効果が得られるだけでなく、高くなった体温を放熱しようと血管が開くことで、副交感神経が優位になるうえに、だんだんと体温が下がり、寝つきやすくなります。

自分の体格に合った枕や身体が楽にいられる寝間着など、気持ちのよい寝具を用意することもオススメです。

自身の力を最大限発揮するための集中力を自分の意志でコントロールできることは、とても強い力になります。

本章で紹介した集中力を高めるコツは、そんなに難しいことではありません。

これらを実践することで、脳に大きなエネルギーを補給することができるのです。

第5章

「脳」と心を活性化させる情動マネジメント

1 感情をコントロールすると脳の働きも活発化する

人間の脳の働きは複雑にからみあっています。その元にあるのが「情動」と言われる心の働きです。

ここまでお話ししてきた記憶力も集中力も「情動」と深く関係しています。

「人は感情の生き物だから、感情を意識でコントロールすることはできない」と思い込んでいる人が少なくありませんが、正しいコントロールの方法を知ることによって、情動は十分に制御できます。

情動は大きく、快情動と不快情動の2つがあります。

快情動とは、快に感じること、またその結果として快情動行動（快な状態に近づこうとする行動）を起こすことであり、不快情動とは、不快に感じること、またその結果として不快情動行動（不快な状態から逃避しよう、不快な状態を解消するために攻撃する行動）を起こすことです。

不快情動にとらわれていると、脳も心もどんどんマイナスに働いてしまうため、真の能力を発揮することができなくなってしまいます。記憶力を鍛えることも、集中力を高めることも、その土台にポジティブな意識がないとできません。

脳をよりよく使うには、能力を発揮するうえで足かせになる不快情動、そして、マイナス感情を上手にコントロールすることが必要です。

本章では、人間が持つ無数のマイナス感情の中から、「劣等感」「後悔」「不安」「不満」「義務感」「怒り」という特に脳の働きに影響を与えやすい6つのマイナス感情のマネジメント法についてお伝えしていきます。

心の曇りが取れれば取れるほど、あなたは自分自身に対する信頼レベルが上がり、能力が発揮できるようになります。

2 真の能力を発揮するうえで邪魔となる「劣等感」のマネジメント

「劣等感」とは「自分は人より劣っている」という感情です。

劣等感がなぜ、脳力を制限してしまうのか。

それは、人は、「俺はダメだ」「苦手だ」「自分は人より劣っている」と思ってしまうと、「いくら努力しても、どうせ自分にはできない」「また失敗して、嫌な思いはしたくない」と、行動に移す前に勝手に自信を失い、自分にダメ出しをして、あきらめてしまうからです。

『嫌われる勇気』（ダイヤモンド社）などで注目を浴びたアドラー心理学を創始したアルフレッド・アドラーは、「人間が劣等感を過剰に埋め合わせ、補償しようとすることで神経症を誘発する」と言っています。

人間の脳が「比較」という形で物事を認知する力を持っているため、劣等感を持つことは仕方のないことなのですが、そこに縛られてしまうと、アドラーの言葉の通り、**劣等感は、真の能力を発揮するうえで大きな邪魔になります。**

「劣等感」の対処法を知り、縛られなくなることで、驚くほど脳力は開花します。

劣等感の対処法は、次の4つです。

1　小さな成功体験を積み上げる

アクティブメソッドのプログラムに参加される方の多くが、自分の記憶力や脳力について劣等感や不安を抱いています。過去から現在に至る様々な経験によって、「自分は記憶力が悪い」「人より劣っている」という自己概念が形成されてしまっているからです。

しかし、ほんの2、3日のうちに100個も200個も単語を憶えることができるようになると、「自分はすごいんだな」と、自分の能力に自信がつきます。この時、劣等感を自然に払拭しています。

人は今までできなかったことができるようになると、「ブレイクスルー（突破）」という意識を持ち、本来持っていた「自信」が復活します。それによって劣等感にとらわれることなく、脳力が活発に動き出すのです。

2　他者との比較を断固やめる

森信三先生は「人間の苦しみの原因の多くは、他者と自分を比較することから生じる」と述べていますが、まさにその通りです。

他者と比べることが成長のバネになることもありますが、人との比較は往々にして自身の成長を止めてしまいます。

「どうせ自分が頑張っても、あいつのようには成功しないし」などと、戦う前から負け犬根性になってしまい、何に取り組んでも力が出なくなってしまうのです。

劣等感の多くは、決して世の中で活躍している優れた人に対してではなく、身近な人との間で生まれるため、愚痴や嫉妬といった状態に心が陥ると、ますます脳は本来の力を発揮しなくなります。

「愚痴」は「○○だったらよかったのに」などと、「主体性」が決定的に失われてしまいますし、「嫉妬」は、「△△はいいよなー。どうせ自分なんて……」などと、自分から見た「不当に有利な条件」を持ちあわせていない自分がうまくいくはずないと思い込んでしまい、脳が働こうとする理由を自ら奪っているからです。

劣等感が出てきたら、「私は誰とも自分を比較しない。私は私」と口に出すことです。言葉にすることで、その劣等意識はある程度緩和できます。それを繰り返していくと、だんだんと比較しなくなります。また比較したとしても悪感情がともなわなくなります。

嫉妬心や劣等感が落ち着いてくるのを感じたら成功です。

3 劣等感や自己嫌悪感をそのまま、あるがままに認める

ある時、受講生の方から悩みを打ち明けられました。

「私は、人に何かよいことをしようとすると、『こうしたらよい人だと思われるだろう』という意識が湧き出てきます。もっと純粋に人のために行動したいのですが、いつも

偽善的な意識が出てきてしまうのです。そんな自分に自己嫌悪感が湧きます」

彼女は、偽善的な自分のことを「醜《みにく》い」「汚い」と感じていたようです。

「偽善的な気持ちを抱く自分も、それはそれで大好きと言ってください」とお答えすると、表情がパーッと明るくなり、「こんな私でいいのですね」と笑顔が弾けました。足りない自分をそのまま認めてあげたことで、落ち着かなかった心がようやく解放されたのです。

生きていくうえで自分への信頼がとても大切であることは言うまでもありません。どんな時も、あるがままに「これでいいのだ」と自分に言ってあげることです。

4　生きていることを感謝する

人は自分という存在について、様々な面から考えます。

「学歴」「容姿」「お金」「人気」「家柄」「才能」など、様々な要素で自分の社会的な立ち位置を測ります。ネット上で自分の評価を調べるエゴサーチをする人までいます。

非常に荒っぽい思考ですが、他人に誇るべき「能力」がほとんどなかったとしても、

「劣等感」のマネジメント法

1　小さな成功体験を積み上げる

今までできなかったことができるようになると、「ブレイクスルー（突破）」という意識を持ち、本来持っていた「自信」が復活し、脳力が活発に動き出す

2　他者との比較を断固やめる

劣等感が出てきたら、「私は誰とも自分を比較しない。私は私」と口に出す

3　劣等感や自己嫌悪感をそのまま、あるがままに認めてあげる

足りない自分をそのまま認めてあげて、どんな時も、あるがままに「これでいいのだ」と自分に言ってあげる

4　生きていることを感謝する

「能力」がほとんどなかったとしても、自己という存在は愛される存在だと認識する

自己という存在を深く愛し、認めてあげることです。落ち込む必要もダメ出しする必要もありません。

「何もできなくてもよい」という思考なので、自分を甘やかすことにもなりかねませんが、生きていることそのものを「ありがたい、感謝」ととらえ、そのままの自分を深く愛することで劣等感が解放されていきます。

これらの4つの対処法で、「劣等感」がゼロにならないとしても、そのレベルは必ず変化します。

劣等感は、人生の活力、バネになることもしばしばありますが、多くの人は劣等感に負けて自身の可能性を閉ざしてしまいます。

劣等感が低くなると、自己尊重感が格段に向上し、目の前にある取り組むべきことに堂々と向き合うことができます。

3 未来の可能性を閉じる原因になりかねない「後悔」のマネジメント

人生の中で後悔がまったくない人は、ほとんどいないでしょう。

「あの時こうしておけばよかった」

こうした後悔は間違いなく、現在と未来のあなたの能力の可能性の扉を閉じてしまいます。

能力開発において、この「後悔」のマネジメントは、非常に重要な位置を占めています。

研修の時など、受講生の方に「あなたが後悔していることは、どんなことですか？」とよくお聞きします。

そうすると、様々な「後悔」が出てきます。

「学生時代にもっと勉強すればよかった」とか、「やりたいことにチャレンジしておけばよかった」「親が生きている間に孝行したかった」「あの時、相手にひどいことを言ってしまった」「怒りに任せて会社を辞めなければよかった」「結婚相手を間違えた！」「健康に注意しなかったために大病になった」などというものもあります。

後悔の根源は、「自分はあの時、『別の選択』ができたのにしなかった」という意識です。

その後悔の意識がどこにあるのかというと、実はそれは「過去」ではありません。「現在」です。そしてこれは、「未来」をも縛ってしまうのです。

「現在」が充実していれば、過去はすべて「正解」になります。反対に「現在」が不満だと、「過去」に対して後悔が生まれます。

たとえば、恋人と大げんかして別れることになったとします。

「あの時、腹立たしさに負けて大ゲンカなんかしなければよかった」と、しばらくは後悔するかもしれません。

ところが後日、もっと素晴らしい恋人が現れたとしたらどうでしょうか？　前の恋人とケンカ別れしたことは、「それでよかった」と思うはずです。

反対に、その後ずっと恋人ができない、新しくできた恋人がひどい人で困っている、そんな「現在」を送っていたら、ますます後悔の念は続くでしょう。

つまり後悔とは、「現在が充実していない」ことの裏返しであり、過去の出来事そのものではないのです。

後悔に縛られている限り、気持ちよく前に進むことはできません。マネジメントが必要です。方法は大きく2つあります。

1 「過去をこれでいい」と受け入れる

もうすでにあなたが、後悔している場合は、その要因となった過去に起こった出来事（恋人との大ゲンカなど）を、「あるがまま」に受け止める方法です。

「あの時こうしておけばよかった」という意識は、「その時違う選択をしていたら、今、自分は違うところに立っているはず」という妄想です。しかし、どんなに嘆いても、「現在」は変わりません。

だからこそ、現在の自分がいる場所、そして、過去にあなたがした選択（しなかった選択も含めて）に対して「これでいい」と言い切ることです。後悔の念、1つひとつに対し、静かに「これでいい」「これでいい」と語りかけてみてください。きっと心の曇りが取れていくはずです。

2 「理想の自分を求めてチャレンジする勇気と行動力」を持つ

これからの人生で「後悔を少なくするために」どういうことを意識したらよいのでしょうか。

哲学者のF・ニーチェは、非常に興味深いことを伝えています。

「後悔が生まれる原因は何か？　遠慮ばかりしていたこと、己の本当の欲求に耳を貸さなかったこと、自己を取り違えること、己を卑しめること、己の本能を聞き分ける繊細な耳を失うこと。こうした自己に対する敬意の欠如はあらゆる種類の損失によって報復を受け、健康、快感、誇り、快活さ、自由、不動心、勇気、友情が損なわれる」

中でも「自己に対する敬意の欠如」が鍵です。自分に対する敬意がないと、未来を

「後悔」のマネジメント法

1 「過去をこれでいい」と受け入れる

現在の自分がいる場所、そして、過去にあなたがした選択（しなかった選択も含めて）に対して「これでいい」と言い切る

2 「理想の自分を求めてチャレンジする勇気と行動力」を持つ

後悔をしない人生を送るには、自分が理想とするものを求めてとにかく行動する

大事にすることはできません。

後悔をしない人生を送るには、自分が理想とするものを求めてとにかく行動することだと言えるでしょう。

たとえ、自分が理想とした姿に到達しなかったとしても、必ず実行したことへの満足は残ります。


過去は現在の後悔の原因となり、現在は未来の後悔の原因となります。

未来への意識のマネジメントが必要となってきます。

これから起こる可能性がある後悔の原因は、チャレンジ精神の不足です。どうか勇気を持って「よし、やってみよう！」と思って取り組んでみてください。

それが人生から後悔を取り除くもっとも有効な方法の1つなのです。

4 未来を見通す脳の働きが起こす「不安」のマネジメント

人は不安が生じると、たちまち集中力が低下します。

みなさんも、受験勉強をしていた時、「もし試験に落ちたらどうしよう」と思って、イライラソワソワして勉強に身が入らなくなってしまい、ますます不安が募っていった経験があるのではないでしょうか。

「不安」という脳の動きは、誰にも起こりうることです。

なぜ「不安」が起こるのかというと、それは人間が「時の概念」を持っているからです。動物も恐怖や寂しさ、痛みや飢えなどを感じますが、「1年後どうなるだろう?」とは考えません。

人間だけが未来を見通す脳の働きを持っているので、不安が起こってくるのです。

不安がバネとなって頑張れることもありますが、不安で心がいっぱいになることで脳が萎縮して、目の前の対象に意識を集中できないこともしばしば起こります。

不安は、「実体がない」ため、効果的な対処の仕方をすれば、かなりのレベルで抑えることが可能です。

対処法には次の5つがあり、どれか1つでも実践すると、不安意識に変化が起こります。

1　「不安はあって当たり前」と認める

もしあなたの心の中に不安があれば「今、自分には不安があるのだな」と、その存在をあるがままに観る。これが第一歩です。

不安は確かにネガティブなものですが、不安を抱いていることをそのまま認めてあげることによって、かなり形を変えます。

そのうえで、不安にどう立ち向かうのか？　を考えていくのです。

2　心の中に湧き出てくる複数の不安をすべて書き出す

「不安がすべて現実になったとしてもたいしたことはない。最悪の場合でも問題ではない」という諦観《ていかん》を持ち、心の中にある不安の正体を、書き出して見つめ直します。

人は漠然としているもの、想像つかないものについて恐怖や不安を抱く性質があります。そのため、言語化するなど形にすることで不安の実体が明らかになり、意外とたいした問題でないと認識し、落ち着くことができます。

不安が心にあると、何をするにも、行動にブレーキがかかったり、迷いが生じたりします。不安の要因を書き出すことによって、脳が落ち着きを取り戻し、潔く自分の行うべきことに邁進できるでしょう。

3　フォーカシングで不安を物体としてとらえる

フォーカシングとは、カナダの臨床心理学者ユージン・ジェンドリンが提唱した思考法です。

自分の中にある不安に焦点を当て（フォーカスして）、「左胸に直径10センチくらいの不安の塊がある」などと物体化させ、その塊がどんどん小さくなり、やがて消滅する様を頭の中でイメージします。

不安はもともと実体がないため、イメージするだけで、不安感は間違いなく小さくなります。

4 「不安は考えない」とあえて口に出して言う

不安に苛《さいな》まれる人は、不安について考え続けてしまう習性があり、実態以上に肥大化させてしまいがちです。

そこで、「これからどうなるのだろうか?」という視点ではなく「どうしたら問題が解決するのか?」という行動を促す視点にシフトチェンジをしたうえで不安について考えるようにします。

そして「この問題に対して、自分は何ができるのか?」ということに意識を集中します。

人は不安があることに対して、積極的に行動しません。危ないことはしないほうがいいと本能が判断するからです。不安があると行動が止まるのです。

しかしはじめから「行動」に意識を移してしまえば、行動ありき、つまり、「どんな行動をすればよいか」という思考になって、脳が不安意識を排除していきます。

自分にできることが明確になると、漠然とした不安感は一気に低くなり、さらに実際に行動を始めると不安は消え去っていきます。

また、不安に対する直接的な行動でなくても、効果が出ることもわかっています。ノイローゼの人に1か月間、築地の魚市場で忙しく働いてもらったところ、症状が一気に改善したという話を聞いたことがあるのですが、脳の性質を考えても、さもありなんと思います。

5 瞑想で精神状態を整える

瞑想とは、姿勢を正し、目をつむり、呼吸を整え、「私は今、息を吸っているな」と自分が感じていること、していることだけに、すべての意識を向けることです。

不安を感じているということは、今、目の前で何かが起きているわけではないということです。脳が勝手に作り出している、それこそバーチャルな幻影です。
瞑想して落ち着いて自分と向き合う場を作ることで、不安という脳や心のざわめきがだんだんと落ち着きます。

無理して無心になる必要はありません。深く呼吸を繰り返し、そこに意識を向けていくだけで不安レベルは低下します。

これら5つのアプローチはどれも非常に効果的で、実際に行った人からは、不安が少なくなり心が晴れやかになったという声を多数いただいています。
不安は誰しもが持つものです。ですから、不安はあるのが当たり前のこととしてしまうことです。

「不安で押しつぶされそう」という言い方がありますが、実際は不安で潰れることなど絶対にありません。

不安はあるべきものとして上手に付き合うことで、仕事でも勉強でも、効果的な集中状態を生み出すことが可能になるのです。

「不安」のマネジメント法

1 「不安はあって当たり前」と認める

「今、自分には不安があるのだな」と、その存在をあるがままに観る

2 心の中に湧き出てくる複数の不安をすべて書き出す

不安がすべて現実になったとしてもたいしたことはない、最悪の場合でもたいしたことではないという諦観を持ち、不安の正体を、書き出して見つめ直す

3 フォーカシングで不安を物体としてとらえる

不安を物体としてとらえ、どんどん小さくなり消滅する様を頭の中でイメージする

4 「不安は考えない」とあえて口に出して言う

「これからどうなるのだろうか？」という視点ではなく「どうしたら問題が解決するのか？」という行動を促す視点にシフトチェンジをしたうえで不安について考える

5 瞑想で精神状態を整える

瞑想をすることによって、呼吸そのものに意識を向けてあげると、不安という脳のざわめきレベルが下がり、落ち着きを取り戻す

5 成長のバネにも行動のブレーキにもなる「不満」のマネジメント

私たちの脳の中にはたくさんの「不満」が充満しています。その領域は様々で、「時間」「お金」「人の協力」「自分の能力」「環境」など、きりがありません。

これらがすべて成長、発展のためのバネになるといいのですが、実際は、大多数の人にとって、「これがあったらよかったのに（これがないからできないんだ）」と、思考を止めてしまい、行動や成長をストップさせるブレーキとなってしまうため、マネジメントが必要です。

不満の対処法には、大きく3つのパターンがあります。

1 「陽転思考」で行動のブレーキではなくバネにする

何かしようとする時、「お金がないから（お金があったらできるのに）」「時間がないから（時間があったらできるのに）」「能力がないから（能力があったらできるのに）」などと自分を正当化してサボろうとしたことはありませんか？

これは人の脳の特性です。脳は、基本的に怠け者なのです。

しかしこれでは、前に進むことはできません。

では、どうすればいいのでしょう。

それは、物事を「陽転思考」で考えることです。

「コップの中に、『水が半分しか入っていない』と見るか、『まだ水が半分も入っている』と見るかによって、人生が根本的に変わってくる」という話を聞いたことがある人も多いでしょう。この後者の視点が、「陽転思考」です。

「ない面」ではなく「ある面」に意識を向けるのです。

もし何かが足りなくても、「○○がないから、するのは難しいなあ」と考えるのではなく、「○○がなくても、できる」に変えてしまうのです。そうすることで、不満は行動のブレーキではなく、自分への発奮材料となっていきます。

「うれしい」「楽しい」「おいしい」「ワクワクする」「満足だ」などの「プラスの感情を表す言葉」を頻発させると、脳にプラスのエネルギーを送ることができます。

先日、北海道・千歳空港で食事をしていると、隣の席に女性の２人連れがやってきました。注文を終えるなり、「私たち、北海道を堪能しすぎてるねー！」と楽しそうに話し始めました。聞くとはなしに聞いていると、「アイスクリームを食べた」「ジンギスカンを食べた」など、さして特別なことを体験してきたわけではないようなのですが、「満喫した」「堪能しすぎ」という表現のオンパレードになんだか私も楽しい気持ちになりました。

人はつい、「もっともっと」とより上を求めようとする習性があります。

しかし、「もっともっと」と求めている限り、常に追いかけることになり、できたこと、楽しかったことなどがあるはずなのに、それに目を向けることなく、いつまで経っても満足することはできません。そして、不満ばかりが溜まっていきます。

立ち止まって周りや起きたことなどに目を向ければ、素晴らしい瞬間が満ちていることに気づくはずです。目の前のことをきちんと味わい、喜びを感じ、プラスの言葉を使うことによって、不満感情を止め、プラスのエネルギーを起こすのです。

3　注がれる愛情に「ありがたい」で返す

人間が持つ不満の源泉は、その多くが「自己承認の欠如」です。

往々にして、自己評価と他者評価は、かなりのレベルで開きがあります。自己評価は、真実の姿よりもかなり高く設定されている場合が少なくありません。

他人から、（自分が思うより）不当に低く扱われたり、低い評価を受けたりして、「こんなはずではなかったのに」「なんでわかってくれないんだ」などと、不満を抱いたり、面白くないと感じたことはありませんか。

ですが、他人のあなたに対する扱いこそが、あなたの今の真実の姿です。

ショックかもしれませんし、不満を抱きたくなるかもしれませんが、そこで止まっていては何も変わりません。「無意識の不満」が溜まり続ける人生となってしまいます。

一方で、今のあなたに対し、愛情を注いでくれる人々もいるはずです。その方たちに対し、「ありがたい」と感謝の心を持ちましょう。そうすることで、愛情をきちんと受け止めることになり、結果、それが脳の中でエネルギーになります。

不満は、どこまでも増幅してしまう怖いものです。

あなたが何かをしようとする時、「足りない」という思いが出てきたら、すぐに払拭し、「今、自分は満ちている」と意識を切り替えることです。言葉にして言い聞かせてもいいでしょう。

それだけで、状況は変わらなくても、その中でよりよい脳のパフォーマンスが生まれます。

自分が置かれている環境と時間を、喜びと感謝の心で満たす。それが、力強い今日の一歩を踏み出す原動力になります。

「不満」のマネジメント法

1 「陽転思考」で行動のブレーキではなくバネにする

「ない面」ではなく「ある面」に意識を向ける「陽転思考」をして、脳のサボり癖を止め、行動に起こせるようにする

2 目の前にあるものを喜びの心とともに味わう癖を持つ

立ち止まって周りや起きたことなどに目を向けて、味わい、喜べる心を持ち、プラスの言葉を使うことによって不満に負けない

3 注がれる愛情に「ありがたい」で返す

面白くないことにとらわれるのではなく、注いでもらえている愛情をきちんと受け止め、プラスのエネルギーにする

6 脳の動きを妨げる厄介な存在、「義務感」のマネジメント

義務感とは、「○○をしなければならない」という意識で、非常に厄介な存在です。「勉強しなければいけない」「言われた仕事をしなければいけない」「掃除しなければいけない」など、次から次に出てきます。「どうしてもやらなければならないこと」は、誰にでも無数にあるからです。

義務感による行動には必ず嫌悪感がつきまといます。そのため、結果として様々なトラブルが起きたり、満足のいく結果にならないことが少なくありません。

さらに、**義務感で動いていると、脳も苦痛に感じて気持ちよく活動しません。**

そのため、いつまでも仕事が終わらなかったり、達成感ではなく虚さを憶えることにもつながります。

そんな虚しい人生を送らないためにも、「義務感」のマネジメントは欠かせません。方法は次の2つです。

1　「○○しなければ」を「○○しよう！」に換える

義務感から何かをしようとすると、「○○しなければ」という言葉が頭の中に浮かびます。しかし、その「しなければ」という表現によって脳も「仕方ない」という思考になります。

まずは脳にこれから楽しいことをするのだと理解させるためにも、「○○しよう！」という言葉に換えることです。

楽しいことをしている時と、苦痛なことをしている時とでは、脳の活動の質は雲泥の差があります。

「○○しよう！」という表現に換えるだけで脳も前向きになり、目の前のことへの集中力もアップします。

2　成し遂げたあとのことを考える

突然ですが、あなたは、掃除は好きですか？

たいていの人は、掃除をとても面倒なことと考えます。ただ、「掃除しないと、汚くなってしまう。だから、仕方なくする」のです。

先ほどもお伝えした通り、義務感で動くと脳の動きもあまりよくありません。脳が気持ちよく活動できるように、思考を転換する必要があります。

掃除であれば、終わったあとの美しくなった部屋を思い描いてみてください。「掃除をしたら、きっと気分がよくなる」と思いませんか？　そのイメージを描きながら掃除をすると、とても楽しい気持ちで取り組むことができます。

この方法を様々な企業や団体でお伝えし、実施したところ、早ければ1週間以内にかなりの生産性が上がり、同時にミスが格段に減ったうえに、「楽しい」という前向きな意識が生まれ、社員の意識も高まりました。

心の中に湧いてくる義務意識を、それが出た瞬間に捕まえて、語尾を「しよう」に換える。ただそれだけですが、その小さな意識が大きな差を生み出すのです。

「義務感」のマネジメント法

1 「〇〇しなければ」を「〇〇しよう！」に換える

「〇〇しなければ」という表現によって脳も「仕方ない」と後ろ向きの思考になり、動きが悪くなってしまう。「〇〇しよう！」という言葉に換えることで、脳が前向きになり、目の前のことへの集中力もアップする

2 成し遂げたあとのことを考える

しなければいけないこと自体に目を向けるのではなく、成し遂げたあとに気持ちよい状態になった時のことを考えて取り組む。そうすることで、脳も前向きになり、集中力も記憶力も高まる

7 制御が難しいからこそ、起きたあとが大事になる「怒り」のマネジメント

人は「怒り」によって発奮し、行動エネルギーが湧くこともあります。

ですから、一概に「怒り」がすべてダメだというわけではありません。

むしろ、「怒り」はやる気の源にもなるため、まったくなくなってしまうと、その反動で「やる気」もなくなってしまうことがあるからです。

それだけ、「怒り」のパワーは強力だということです。

しかし、そうは言っても人生の中で怒りの感情は少ないに越したことはありません。

「怒り」は「自分の意志に反する事態が発生することによって、自分の価値が貶められた」と感じた時に引き起こされる感情です。そのため、自分では抑えられなくなってしまいます。

イライラしたり、怒りで体が震えたりという状況において、脳が正常に機能して、よい結果が生まれることはまずありません。

「怒り」の制御は必要です。アプローチの仕方は次の4つです。

1 人は自分の思うように自分を扱ってくれるものではないことを理解する

「怒り」は、心理学的に分析すると「自尊心の低下」によってもたらされます。「本来、自分が他者から扱ってほしいと考えているレベルを下回った時に起こる感情」です。

たとえば、タンスの角に足の小指をぶつけたら、とても痛い思いをしますが、自分の不注意だけに、自分に対してイライラしても、タンスに怒りをぶつける人はそうはいないでしょう。自分の足をタンスにぶつけても、自己存在の価値が低下したようには感じないからです。

では、誰かに足を踏まれたとしたら、どうでしょう？　さらに、相手が謝罪すらしなかったとしたら、思わず、相手に対して怒りをぶつけるのではないでしょうか。

怒りやイライラが発生した時には、「人は、自分の思う通りには動かないのが当たり前」と3回口に出して、自分に言い聞かせることです。耳から自分の言葉を聞くことで脳が冷静さを取り戻し、怒りのレベルが下がります。

2　心を客観視して、自分がどれだけ怒っているのかを把握する

「怒り」で心や頭がいっぱいの時こそ、自分がどれだけ怒っているのか、客観的に意識します。

「君は、○○のことで腹を立てているんだね。大丈夫だよ」と自分に静かに語りかけるのです。

たとえば車を運転している時に、横から割り込まれると、ついイラッとしてしまいます。その時は、「君は今、車に割り込まれてイラッとしたね。大丈夫だよ」と声に出して言うのです。さらに、その時感じている怒りの感情を、あるがままに受け止めます。そうすると、怒りのレベルが一瞬にして下がります。

「怒り」は、細かな感情が次々に連鎖して大きくなっていくという特性があります。はじめは些細なことで怒っていただけのはずなのに、「あの時もそうだった」などと、

どんどん怒りが増した経験はありませんか？

これが、怒りの連鎖です。

しかし、怒りの第一感情（最初に感じた怒り）は、ほんの6秒しか持ちません。この6秒の間に「自分の存在を客観的にみる」作業をすることで鎮火すれば、怒りの広がりを抑えられるというわけです。

もちろん、この方法で100％の怒りが消え去ることはないかもしれません。2、3回試してみて、怒りのレベルが下がったらしめたものです。それを習慣にしていくと、上手に怒りをマネジメントできるようになります。

3　2、3回、大きく深呼吸をしてクールダウンする

人が怒りの感情を発する時、脳内ではアドレナリンが激しく分泌され、興奮して冷静ではいられなくなってしまいます。

言い換えると、この第一感情に襲われる6秒間さえやり過ごすことができれば、冷静さを取り戻せるということです。ちょうど、2、3回深呼吸をすると6秒くらいに

なります。

ゆっくり大きく深呼吸を繰り返していくうちに、まず、体のこわばりや怒りで震えていた状態が落ち着き、頭も心もクールダウン状態になります。

自分の呼吸に集中することで意識を平静に戻すのです。

4　人が自分の思うように動いてくれないことを受け止める

「怒り」は、些細なことでも起きてしまいます。これは、自分でもどうしようもないことです。

ただし、**自分の力の及ばないものに対して「怒りを持つことは無意味」です。**

1でもお伝えした通り、人は自分の思うようには動いてくれないものだからです。

「これはこれ」と受け入れることが必要です。

以前、「職場で隣の席に座っている女性が、いつも仕事をサボっていて、その姿を見るとイライラしてしまい、仕事に集中できません。どうしたらよいでしょうか？」と受講生の女性が質問してきました。

「怒り」のマネジメント法

1 人は自分の思うように自分を扱ってくれるものではないことを理解する

「人は、自分の思う通りには動かないのが当たり前」と3回口に出し、自分に言い聞かせる。耳から言葉を聞くことで冷静さを取り戻し、怒りを誘発するレベルが下がる

2 心を客観視して、「自分がどれだけ怒っているのか」を把握する

自分がどれだけ怒っているのか、客観的に認識し、第一感情で鎮火を図る

3 2、3回大きく深呼吸をしてクールダウンする

6秒間、深呼吸することで体が楽になり、頭も心もクールダウンする

4 人が自分の思うように動いてくれないことを受け止める

自分の力の及ばないものに対して「怒りを持つことは無意味」だと理解し、「それはそれ」と受け止める

そこで私は、「本人に言うか、上司の人に注意してもらってはいかがですか？」とお答えしたのですが、「誰も真面目に取り合ってくれないのです」とのこと。

となると、彼女がとれる行動は2つしかありません。

1つは、これまで通り毎日イライラしながら何年も仕事をし続ける。もう1つは、「彼女はそういうものなのだ。私にはどうしようもないことだ」と一切気にしないと決め、自分の仕事を楽しくやることに集中する。

その旨を伝えると、彼女はハッとした様子で「そうですよね。隣の『サボり女性』は気にしません！」と宣言。早速翌日から実践したところ、イライラから解放されたそうです。

「自分の力で変えられないものは、それを受け入れる勇気を持つ」というのは、「ゲシュタルトの祈り（ゲシュタルト療法（セラピー））」の一部です。怒りだけでなく、様々なシーンで使えますので、活用してください。

以上の4つが、基本的な怒りのマネジメント方法になります。

活用することで、きっとあなたの怒りのエネルギーは形を変え、目の前にあるものに意識が集中し、脳の動きも効率的になるはずです。

怒りのエネルギーによってある一定の成果が生まれることもないとは言えません。

しかし1つだけ確実なことは、**誰かに対する怒りのエネルギーを自分のやる気の源泉にしていた場合には、どんなによい結果が生まれたとしても、最終的にはそこでは真の心の満足は得られません。**そのことは、知っておいてください。

その意味で怒りのマネジメントは非常に重要なのです。

8 上手に付き合い昇華させる「悲しみ」のマネジメント

人は本当に悲しい時、すべての思考が止まり、行動する力を失います。脳も活動が止まってしまいます。体験したことのある人もいるでしょう。

先日、ある受講生の方から質問がありました。

「飼っていた犬が、15歳で亡くなりました。お別れしてから1週間経ちましたが、毎日泣いてばかりです。今回の研修も頑張って参加したのですが、悲しみが消えません。『陽転思考』でこの悲しみは消えるでしょうか？」

実は、我が家にも「満福《まんぷく》」という名前の真っ白なプードルがいます。そのため、彼女の悲しみがとても伝わってきて、私もつらくなってしまいました。

人生には、悲しみと向き合わなくてはならない場面が、何度か訪れます。

悲しみが襲ってきたら、私たちの集中力や目標達成力は一気に下がります。悲しみに暮れて、何も手につかないという経験をしたことのある人も多いでしょう。

上手にマネジメントしたいところですが、悲しいという感情は、何かしたからといって、すっと消えることはありません。

悲しみから私たちを救ってくれるのは、時間だけです。

「時が癒《いや》す」という言い方がありますが、これを信じることです。

どんな悲しみも、時が解決してくれます。これだけは間違いありません。

1か月かかるのか、1年かかるのか、それとも10年かかるのかはわかりませんが、必ず時が癒してくれます。

悲しみから逃げても何も変わりません。だからこそ、悲しみを存分に味わい、受け止めるのです。

きちんと悲しんでいると、ふと光を感じる瞬間が必ず訪れます。そして、悲しみが消え去り、また生きる希望が復活してきます。

きちんと悲しんだからこそ、昇華されるのです。

悲しみを消すことはできませんが、少しだけ忘れさせてくれる対処法があります。

それは、どんなに悲しくても、おいしいものを食べること、そして、おいしいものを食べた時には「おいしい」という感情をちゃんと感じることです。

ほかにも、温かい湯船につかった時に「気持ちいい」と声に出して、その温かさをしみじみ感じ、友人の言葉にうれしいと思ったのなら、「うれしい」という感情を噛みしめましょう。

悲しい気持ちは抱いたままであっても、それぞれの瞬間に感じた、「おいしい」「気持ちいい」「うれしい」などといったプラスの感情に意識をフォーカスするのです。

うれしいという気持ちを積み重ねていくことで、次第に悲しみは薄れていきます。

「悲しみ」は、これまでお話ししてきた6つのマイナス感情と違い、対処法を実践したからといって、パッと消えるわけではありません。

そのため、マネジメントと言っていいかどうかはわかりませんが、もし悲しみによってあなたの脳の動きが止まってしまったならば、少しでもよいので活用していただけ

「悲しみ」のマネジメント法

悲しみから逃げるのではなく、存分に味わい、受け止める。きちんと悲しむことで、時間の流れとともに昇華される。

おいしいものをしっかり食べ、「おいしい」と感じたり、気持ちのよいことをして「気持ちいい」と感じたりすることが大事。

たら幸いです。

人生の幸福はどんな感情体験をしているかで決まります。
「人は感情の生き物」と言われるように、感情に振り回され、理性を失うことすらあるのが人間です。

言うなれば、感情は脳の働きの土壌でもあるのです。
感情をマネジメントすることで、脳の働きは、活き活きとし、効率的に、そして前向きになります。

本当に頭のいい人は、冷徹に感情を切り捨てているのではなく、感情と上手に付き合っているのです。

第6章

シチュエーション別 脳の使い方

1 脳をよりよく使うのは、より豊かな人生を歩むため

ここまで、記憶力、集中力、情動マネジメントと総合的な脳の使い方についてお伝えしてきましたが、そもそも何のためによりよく脳を使うのでしょうか。

記憶の要となる前頭葉は、「何かを目指して、それを達成していくことに喜びを感じる」機能であることから、「よりよく生きる脳」であると言われています。

「やりたいことを成し遂げ、幸せな人生を生きる」こと。

これこそが、よりよく脳を使う最大の目的です。

そのために、日々クリアすべき課題があり、正しく脳を使うわけです。

私が理事長を務めるシンクタンクの最高顧問であり、日頃より大変お世話になって

いる、現代の経営の神様の一人である京セラ名誉会長稲盛和夫氏が、以前、こんなことをおっしゃっていました。

「自分がしたいことを心の中で描いてみる。最初はボンヤリしている。しかし、それをじっくりと見ていると、やがてカラーではっきりと見えるようになってくる。それがありありと見えて、心の中に何とも言えない喜びが湧いてくると、必ずそれは実現化する」

この稲盛氏の言葉からわかるのは、脳を上手に使うことで、はじめはぼんやりしている夢や目標であっても、実現できるということです。

本章では、やりたいことを実現し、より豊かな人生を歩むために、具体的な目的に応じた脳の使い方について、さらには、これまで多くの方々に研修してきた中で知りえた、夢や目標を実現させ、人生を豊かにしてきた人たちの思考法、心の在り方などについてご紹介していきます。

2 脳を動かす最大のパワーは「やりたい」という想い

集中しなくてはいけないのに、なかなか集中できない。

やってもやっても捗らない。

そんな経験はありませんか。

この時、あなたの脳はスイッチが入っていなかったと考えられます。

脳のスイッチを入れるには、「目標」と「目的」、そしてそれを「実現したい」「やりたい」という想いが必要です。


まず、「目標」と「目的」について整理しておきましょう。

この2つは似ているようでまったく違うものです。このようにセミナー等でお話し

すると、

「知っています。目的が最終のゴールで、目標がそこに到達するための手段ですよね」と、多くの方がおっしゃるのですが、それはまったくの間違いです。

たとえば、オリンピックに出場する選手に対して、「オリンピックでの目標は？」とは聞いても、「あなたのオリンピックでの目的は？」とは聞かないでしょう。目標=最終ゴールだからです。

「目標」は形があるものを指します。

「形があるもの」とは、「目に見えるもの」「実現の時期が特定できるもの」「数字で表せるもの」、たとえば「オリンピックで金メダルをとる」とか、「試験に合格する」「売り上げをいくらにする」などです。

一方「目的」は、「何のため」にそれを実現したいのか、です。

つきつめて言うと、「目標が達成される時に生じる喜びの感情」が目的です。「金メダルをとって、子どもたちに夢を与えたい」とか「合格してみんなと一緒に喜びたい」「会社を大きくして頑張ってくれている社員にも還元したい」などです。

「喜びの感情」は、自分だけのものではありません。むしろ「誰と一緒に喜ぶのか」というものです。

そして、目標、目的を実現するために脳を動かすキーとなるのが「想い」です。

フィギュアスケートで大活躍の羽生結弦選手は、「オリンピックで金メダルをとることは通過点だ」と明確に述べています。彼がオリンピックに出場し、金メダルをとる真の目的は「大震災で傷つきながらも自分を全力で応援してくれている人々を喜ばせるため」という「想い」です。

この想いが強いほど、脳にエネルギーが不断に充填されることになります。

目標、目的が実現した素晴らしい未来を想起した時、どんな喜びがあなたの心の中に湧き上がってきますか？

ワクワクした感情が出てくれれば、必ず脳はその期待に応えて動き始めます。

「私は、こうなりたい。だから、脳を十分に活用したい」

そう強く想うことが、すべての始まりと言ってもいいでしょう。

3 できるかどうかは考えずに夢を描く

脳をよりよく働かせるには、目標、目的をより深く理解することが必要です。

それには、目標や目的を、制限なく自由に発想し、それを書き出すことです。

書くという作業によって、脳幹《のうかん》にある網様体賦活系《もうようたいふかつけい》（RAS）の多様な細胞が刺激され、書く瞬間に「もっとも強く意識を向けているものを作り出す」のです。

つまり、**脳は意識を向けている目標を実現すべく、動くということです。**網様体賦活系とは、非常に簡単に言うと、脳内にあるフィルターのような役割をする器官です。

このことは、科学的にも証明されています。

人が持つ生産性と目標達成、そして「書くこと」の相関関係を研究し、ワシントン大学をはじめ、数々の大学で教鞭をとっていたアメリカの人気講師、ヘンリー・アンナ・クラウザーは、その著書『Write It Down』の中で次のように述べています。

「書くことでRASが刺激されると、大脳皮質に『目覚めろ！　注意を払え！　こまかいところまで見逃すな！』という信号が送られます。目標を紙に書くと、脳はそれを本人に深く認識させようと働きかけ、周囲の様子や兆候に気づくよう、絶えず注意を呼び起こすのです。」

日々、国内外問わず様々なレベルで素晴らしい成果を出された方々とお会いすることがありますが、目標を紙（手帳やカードなど）に書いている方が少なくありません。

私も講演会や研修会で、参加者のみなさんに「未来の自分への手紙」を書いていただいています。

書いていただく内容は、だいたい3か月後から半年後の自分に対して、3～4か月以内に実現したい「今までやりたかったけれどなかなかできなかった身近な夢」と、「長い人生の中で自分が果たしたい志」の2つを伝えるというものです。

また縁あって、これまで1000人以上の方々を伊勢神宮にお連れしているのですが、その時も、私が数時間日本の文化や歴史についてお話をしたあと、みなさんに、夜、部屋に戻ってから、これからの自分の人生の志を「未来の自分への手紙」として書いてもらいます。そして、書き上げた手紙を胸のポケットに入れた状態で、翌日、内宮《ないくう》の御垣内参拝《みかきうち》をしていただきます。

「未来の自分への手紙」を書くと、不思議なことに、書いたことが次々と実現していきます。「正直難しいと思っていたのですが、実現できました」といったご連絡をいただくことも少なくありません。

「書いただけで実現するなら世話ない！」と思われるかもしれませんが、これがなかなか強力なのです。

自分が願ったそのまま100%でなくても、必ずその人にとって願わしい何かがもたらされます。

秘訣は「手書きであること」「自分の意識に制限をつけない」「すでにその夢が叶っ

て感謝している心を味わう」「その夢を共有できる人とグループを作る」「とにかく『結果』にこだわらず行動する」です。

書いたものは、常に目につくところに置いておきましょう。

面倒くさがらず、作業自体を楽しみながら試してみてください。書いている最中にも、きっと面白い発見があるはずです。

ただし、この時考えてはいけないことがあります。

それは、「できるかどうか」です。

「できるかどうか」は誰にもわかりません。ただ、「できなかったらどうしよう」「本当にできるのかなあ」などといった迷いや不安は、先にもお話ししましたが、脳の活動にブレーキをかけてしまいます。

「できるかどうか」という意識は捨て、とにかく書き出してください。

「未来の自分への手紙」の書き方・ポイント

「未来の自分への手紙」を書き方やポイントは次の通りです。面倒くさがらず、作業自体を楽しみながら行うことで、手紙に書いた夢は実現するはずです。

1. だいたい３か月後から半年後の自分に対して書く
2. ３～４か月以内に実現したい２つのことを書く
   ①今までやりたかったけれどなかなかできなかった身近な夢
   ②一生かけて実現したいこと
3. 長い人生の中で自分が果たしたい志を書く
4. 手書きする
5. 「これは無理だろう」などと、勝手に制限をつけないで考え、書き出す
6. 書きながら、すでにその夢が叶い、感謝している心を味わう
7. 書いたものは、常に目につくところに置いておき、１日１回は目を通す
8. 書き終わったらその夢を共有できる人とグループを作る（グループが難しい場合は、一人でもＯＫ）
9. とにかく「結果」にこだわらず行動し続ける
10. ①もしくは②の夢が実現したら、新しい手紙を書く

4 目標達成の期限に固執しない

目標を定める際、目標や夢の達成日を決めることは、とても大切です。

日付を入れないと、「いつかできたらいい」という意識になってしまい、力強い取り組みができません。日付を入れることによって、今日何をするかが明らかになり、今日の一歩のあり方が変わります。

日付の入れ方については、あまり深く考える必要はありません。また、日付を入れる理由は何でもかまいません。ただし、「英語が話せるようになりたい」など、日付が決まらない、決めなくてもいいことであっても、何らかの理由をつけて決めて入れてください。

日付を決めると、目標や夢を達成できた日のことが、よりに具体的にイメージしやすくなります。

何年も先の将来のことであっても、日付を入れるとその瞬間からあなたの脳は動き出します。

先ほどお話しした稲盛氏をはじめ、物事を達成する人の多くが「未来感覚」を持っています。「未来感覚」とは、未来という未知のものでありながら、すでにそうなっているように感じる力のことです。

「未来感覚」は、目標や夢を達成できた日のことをイメージし続けることで、どんどん身についていきます。

たとえば私には、たくさん趣味があり、その1つが「音楽」です。

今でこそ、趣味が高じて、プロのオーケストラを持ち、その代表理事をしながら、マエストロ（指揮者）（笑）として演奏活動をしていますが、もともとは「僕も指揮者になりたい！」という夢が始まりでした。

このとんでもない夢を抱いたきっかけもまた、突拍子もないことでした。

ある時、再放送されていたドラマ『のだめカンタービレ』(音大を舞台にした人気マンガが原作)を見ていたところ、玉木宏さんが演じている天才学生指揮者が、サントリーホールで指揮をするという夢を叶えるシーンがあり、その姿に影響を受け、「よし、僕も指揮をしよう!」と思い立ったのです。

とはいえ、今まで指揮など、本格的に習ったことはありません。でもこの時、私の耳には、自分の演奏が終わった時の2000人の聴衆のスタンディングオベーションがはっきりと聞こえていました。

私は早速、1年後の日付を入れ、指揮を基礎から習い始めました。

そして、2011年2月24日、サントリーホールで自作の交響曲「大和」の指揮をすることができたのです。会場を埋め尽くした2000人の聴衆の方からスタンディングオベーションをいただいた時には、自分でも信じられない高揚感に包まれました。そのシーンは、私が描いた未来記憶、そのままだったからです。

日付を入れることで、夢や目標が実現する可能性は圧倒的に高まります。

なぜなら、脳にそれだけ強く刻まれ、脳の判断が「そのために、今、どうするのがよいか」という視点になるためです。

ただし、いったん目標達成の期限を設定しても、状況の変化によって、達成期限や達成目標が変化してしまうことはまったくかまいません。

むしろ、いったん入れた日付に固執しないことが肝心です。

脳がその夢を叶えることを、義務だと判断してしまいかねないからです。

「日付を変えるくらいなら、はじめから期限は入れなくてもいいのではないか？」という疑問も出てくるかもしれませんが、そうではありません。

漠然とした目標は、挫折する可能性が少なくありません。

なぜなら、どんな目標であっても、現在地点から未来地点のゴールに向かっていく過程において、必ずある種の「困難」が目の前に現れるからです。

しかし目標と目的が明確であれば、その困難を乗り越えることができます。反対に曖昧であると、「こんなにしんどいならやめよう」「どうせできたとしてもたいしたこないのだから」という意識が起こってあきらめたくなります。

期限を決めるから、今、すべきことがわかるとともに、日々の自分の変化もわかるのです。このバランスによって、脳も気持ちよく活動できます。

「期限を決め、ゴール（達成日）に日付を入れる。あとは実現に向けて全力を尽くす。ただし、その日付に固執することなく、状況の変化によって達成日時を変更する」

脳がうまく活動できるために、「目標」「目的」を明確にし、期限を設定することを、決しておろそかにしてはいけません。

5 試験勉強がうまくいくための脳の使い方

ここからは、目的に応じた脳の使い方についてお話ししていきましょう。

研修等でよく質問をいただく勉強、語学習得、ダイエット、話し方（スピーチ）、苦手なことに取り組む時について紹介します。

まずは、試験勉強についてです。

「資格を取らなきゃいけないとはわかっているのですが……」「なかなか思い通りにいかなくて」といった心もとない言葉を聞くことも少なくありません。

実際、忙しく仕事をしながら勉強をするのは、大変なことでしょう。

限られた時間で、試験勉強を効率的に進めるには、いかに脳のスイッチを素早く入れられるか、つまり、「想い」の強さがポイントになります。

ただし、試験に受かることはゴールではありません。

大切なのは、試験に受かったあとです。

ここでいう「想い」の強さは、自分がその資格を活かして、楽しく生きがいを持って仕事をしている姿が見えているかどうかです。


試験勉強に取り組むうえで、もっともしてはいけないこと、それは、「とりあえず」取り組むことです。

「とりあえず、これからの時代は、○○の資格くらい持っていたほうがいいかな」「とりあえず、頑張ろう」という意識です。

この「とりあえず」の意識があると、脳はまったくスイッチを入れません。**「とりあえず」始めると、途中で困難な場面に遭遇した時、脳がすぐにあきらめてしまうからです。**

そして、もう1つ。

会社や学校などから資格取得が義務づけられたからと、仕方なく取り組むことです。

会社からの指示であっても、それが自分にとって目的や夢、もしくは「得になる」「喜びにつながる」といった感覚があれば問題ないのですが、「指示だから仕方ない」「無理やりやらされた」といった気持ち（受動的動機）だけでは、脳にスイッチが入りません。心の底では、「やりたくない」と思っているため、脳にエネルギーが供給されないのです。

また、どんな試験でも、それ相応の努力が必要ですし、途中で困難に遭遇することもしばしばあります。この時、ワクワクしたゴールが見えていないと、ただでさえ仕事で忙しいなか、その困難を乗り越えられるだけのパワーは出てきません。

一方、合格の絶対条件ではありませんが、「あの人のように素晴らしい活躍をしている自分」を心の中で思い浮かべて試験勉強をすると、途中に困難があっても挫折しづらくなります。

目的を達成したあとの自分の姿を描くうえでイメージする「あの人」を見つけ出すことを、「モデリング」と言います。

モデリングする人は身近な人であったほうがベターですが、有名人の中に見つけてもかまいません。ただし、実在する人にしてください。「この人のようになりたい」という存在が、できれば実際に目の前にいることで、具体的に自分の未来がイメージできるうえに、「頑張ろう」という想いが沸き立ちます。

「未来の記憶」においてモデリングは重要なポイントと言えるでしょう。

また、未来の自分の姿だけでなく、この試験に合格することで、自分にとってどんななよい影響があるかも考えてみてください。

試験に合格するために、脳を活用する方法を学びに研修に参加する人も少なくありません。そんな彼らと接していて明瞭にわかることは、未来のイメージがしっかり見えて勉強に取り組んでいる、つまり「未来の記憶」がしっかりしている人たちは、難しいとされている試験であっても、次々と合格しています。

合格したあとの人生が見えない人は、努力を重ね、それなりに力がついて成長できていても、なぜか最後の最後で力尽きて失敗してしまう場合が少なくないのです。

自分の未来の姿をはっきりとイメージできることが、合格へのロイヤルロードなのです。

6 英語を習得するための脳の使い方

英語をはじめとする語学の勉強は、ゴールが決めきれず、モチベーションが上がりにくいため、なかなか思うようにいかない人も多いでしょう。

「英語が苦手で、自分なりに頑張って勉強しているのですが、なかなか身につかなくて……」という声をよく耳にします。

正直に言います。そういう人は英語を勉強することなど潔くやめてしまったほうがよいでしょう。何年も英語の勉強ができない、身につかないというのは、そもそも英語がその人の人生にとって必要がないということだからです。

「そんなことない。『英語がしゃべれるようになりたい』という目的がちゃんとある」、と反論する人もいるかもしれません。

実は、一見よさそうに思える、「英語がしゃべれるようになりたい」という漠然とした目標は、必ず挫折します。

なぜなら、自分が英語を話している時の気持ちのよい姿がイメージできていないからです。


たとえば私は、よく海外にも出かけますし、我が家にも海外からのお客様がいらっしゃるため、英語ができると思われることが多いのですが、若い頃はたいしてできませんでした。「英語がしゃべれるようになりたい」とは思ってはいたものの、さほど英語が必要でない生活を送っていたからです。

しかし、アクティブメソッドで英語の研修を希望される受講生の方がどんどん増えてくる中、何十年も前に受けたＴＯＥＩＣ®４００点の低いスコアでは受講生の方に申し訳ないと思い、「受講生からの質問にきちんと答えられる自分」を意識し、３か月間トレーニングを行い、９００点をクリアすることができました。

この時、すでに私は50歳を過ぎていました。ただ、英語ができるようになるための明確な目標と目的がありました。「英語を話せればうれしい」という曖昧《あいまい》なものではなく、アクティブメソッドの講義を確実に受講生の役に立つものにしたいと考えたのです。

英語の勉強をするならば、なぜ英語を身につけたいのか、英語のレベルを上げるとどういうよいことが起こるのか、その目標と目的を明確にすることです。

英語を話している自分だけでなく、どんな場面で、どんな相手に対して自分は英語を使っているのか、その時、自分はどんな気持ちかということに意識をフォーカスしてください。

研修で語学の習得に苦しんでいる人たちの指導をしていて、気づいたことがあります。それは、自ら上達することにブレーキをかけている人が少なくないことです。「私は英語が苦手だ」と思い込んでいたり、英語や英語が話せる人にコンプレックスを持っていたり、というのも大きなブレーキになります。

どうしたらこのブレーキが外れるかというと、英語検定に合格する姿ではなく、「英語を自由に話している自分の姿」をイメージしながら勉強することです。

日付を入れるために、あえてTOEIC®や英検などの試験を受けようとする人がいますが、試験を受けるとなると、つい合格することを念頭に置いてしまうので、かえって自分を苦しめることにもなりかねません。

「話せるようになりたい」のであれば、試験のことは意識せず、今の自分のレベルをあるがままに受け止めたうえで未来の理想の姿をイメージし、そして、勉強を始めてからは、日々の進歩を喜ぶことが大切です。

決して、ほかの人と自分を比べないことです。

「自分の進化の目的を明確にすること」と「自分自身の一歩の進歩を喜ぶこと」「他者と比べないこと」。この3つが語学上達の鍵を握っていると言ってもいいでしょう。

語学ができるというのは、とても素晴らしいことです。どうか臆せず自分の目標と目的を明確に定めて楽しく取り組んでいってください。

7 ダイエット成功のための脳の使い方

実は、ダイエットも脳の使い方によって自在になります。

私は2009年まで、176センチの身長に対して、94キロの体重がありました。

その頃の私といえば、年に2回は必ず「ぎっくり腰」になり、大好きな卓球も1時間ほど練習すると腰が痛くて更衣室で動けなくなる始末。整体や鍼《はり》、特殊な腰痛治療など、様々なところに通ったのですが、まったく効果はなく途方に暮れていました。

ある時、ふと「もしかしたら腰痛の原因は体重のせいで、やせればよくなるのかもしれない。脳の使い方を変えればダイエットできるかもしれない」と思い立ち、いわゆるダイエット生活に入りました。

すると、面白いほどやせていき、停滞期もさほどなく、4か月で69キロまで落ちました。あまりに順調にやせすぎてしまったので、周囲から「癌ではないか」と心配されたり、顔が骸骨のようになってしまったことから、「これはいかん」と思い、それ以来5キロほど意識的に体重を戻したものの、その後10年間、いっさいリバウンドすることなく、74キロを保っています。

なぜ、こんなことができたのか。

それは、ダイエットを苦しいことにしなかったからです。

ダイエット成功のポイントは、次の3つです。

・頑張ってはいけない
・ダイエット生活を楽しむ
・未来の理想の姿をイメージし、1日100グラムであっても体重が減ったことをこのうえなく喜ぶ

この繰り返しです。

「たったこれだけですか？」と、質問を受けることもあるのですが、実際に指導した3500人超の方々がやせることに成功し、ほぼリバウンドもしていません。

世の中には、たくさんのダイエット法がありますが、私は、それぞれ相性はあるものの、そのほとんどが正しいことを言っていると考えています。なぜなら、成功した人たちがいるからこそ、紹介されているはずだからです。

問題は手法ではなく、こちら側の意識なのです。

ダイエットの大敵は、脳のガマンです。

「食べるのを我慢しなくてはならない」「運動をやらなければならない」などと、ダイエットを頑張ってしまうと、苦痛が生じます。脳も嫌々働くので、結果としてスムーズに進まないのです。

一方、ダイエットを楽しみ、毎日喜び続けることで、脳も「快」を憶え、前向きに働くため、結果もともなってくるというわけです。

「ダイエットすることは楽しい」と脳にスイッチを入れる。

それがダイエットの成功につながるのです。

8 相手に伝わるスピーチをする時の脳の使い方

人前で話すことが苦手な人は多いでしょう。

とあるアンケートでは、半数以上が「人前で話すことが苦手」という結果が出ていますし、中学生向けのアンケートでは、なんと7割以上が「苦手」と答えています。

しかし、人は正しい方法でスピーチを学ぶと、全員素晴らしいスピーカーになることができます。

人前で話すことが苦手である理由の多くが「不安」と「プレッシャー」のようです。

つまり、**「不安」と「プレッシャー（緊張）」を取り除くことができればよいということです。**そのポイントは次の3つです。

1　「うまくしゃべろう」「人を感動させよう」「いいスピーチだったと人から言われよう」という意識を全部捨てる

人前に出て、いざ話をしようとしたとたん、頭が真っ白になって言葉が出てこなくなってしまった経験がある人もいるでしょう。この経験から「私は話すことが苦手」と思い込んでしまい、人前で話すことになるたびに「私は人前に立つと緊張してうまくしゃべることができない」という意識モードに陥ってしまう人は少なくありません。

人が緊張するのは、「失敗してはいけない」「恥をかいてはいけない」という意識が根底にあるからです。

人前で話す際は、「うまく話をする必要はない」「感動させなくてもよい」「恥をかいてもよい」と声に出して、自分に伝えましょう。そうすると、気持ちがとても楽になります。

2　「何」を話すのかではなく「なぜ」話すのかを意識して話す

スピーチをする時、「さて、何（WHAT）を話すのか?」と内容について考えていませんか？　これでは、本番中焦ってしまうのは無理ありません。なぜなら、この時あなたが考えるべきなのは、「なぜ（WHY）話すのか？」だからです。

結婚式のスピーチならば、1つは「おめでとう」という気持ちを心から伝えること。2つ目は「幸せになって」という想いを伝えること。3つ目が「新郎新婦に関する素晴らしいこと」を参列者の方に披露すること、これだけです。

こうしてスピーチをする理由、役割を意識すると、すっと冷静になり、相手にとっても自分にとっても満足いくスピーチになる可能性が高まります。

よく話している途中で支離滅裂になってしまい、話している本人ですら、何を話しているのかわからなくなる場面を見かけますが、それも、話し手がこの「何のために」を見失ってしまうからです。

「何のために話をしているのか」を意識することで、3分間の話であっても、1時間の講演であっても、話を見失うことはなくなります。一本の筋を通して話すことができるので、相手側も気持ちよく聞くことができます。

3　どんな姿で相手に伝えるかを意識する

「メラビアンの法則」という言葉を聞いたことのある人も多いでしょう。

コミュニケーションにおいて、「言語」で伝わる部分と「非言語」で伝わる部分を比較すると、「言語」が7％、「非言語」が93％だという法則です。

ここからミスリードして「人は見た目ですべてが決まる」という言い方をする人がいますが、これは正確ではありません。誤解と言ってもいいでしょう。

人が他者とコミュニケーションをとる時には、「姿勢」「表情」「声」「目」「服装」などはもとより、その人の「内面」も相手に伝わります。決して見た目だけではありません。

この「非言語コミュニケーション」を鍛えると、たちまちにして、相手の心に残る話ができるようになります。

些細なことのように思うかもしれませんが、この3つを意識して話すだけで、相手に伝わっている、聞いてもらえているという手応えを感じ、話すことが楽しくなります。相手に心が伝わると、人生が大きく変わります。

9 苦手なことに取り組む時の脳の使い方

人生、苦手なことに取り組まなくてはならないことも多々あるでしょう。

この時は、まず、「苦手」という感覚・言葉を封印してください。

脳は、不快なことから逃げる性質があるので、「苦手だなあ」という思いがあると、働きが鈍くなってしまうのです。

「苦手」という意識を忘れることができなくても、少しだけ脇に置いて、フラットな状態にしてください。

ポイントは、「これはいささか難しいなあ。でも、やってみよう」という態度で臨むこと。そして、大きな成果を目標にするのではなく、「小さなブレイクスルー（突破）」をターゲットにすることです。

今まで知らなかったことを知ったり、できなかったことができた時には、「私はできた」と認め、それをきちんと喜び、意識的に自己肯定感を持つのです。この経験を積み上げていくことで、苦手なことが、だんだんと苦手でなくなっていきます。

私も、ささやかながら、これまでの人生、様々なことにチャレンジしてきました。うまくいったものもあれば、失敗したものもあります。

うまくいったものが3割くらいで、あとの7割はいわゆる失敗に終わっていると言ってもいいでしょう。でも、この「失敗の出来事」に対して、「やらなかったらよかった」と思うかというと、どれ1つとしてそうは思いません。いろいろ学べましたし、大笑いのネタとしても活用できているからです。

さらに、不思議なことに、失敗だったはずのことが、後の大きな成功のタネになったこともしばしばあります。

苦手だから「どうせ、うまくいかない」などと、あきらめてしまったり、最初から無気力で取り組んでも、失敗の可能性が高いのは当然です。気をつけてほしいのが、やってみたらたまたまうまくいったという経験です。これでは、自己肯定感は上がりません。取り組む前に、「よし。やろう。きっと楽しいぞ」と明確に意識してから始めることです。

苦手なことなので簡単には成功しないかもしれません。でも、どんなことでも頑張ったら「絶対に成功する」とは言えませんが、チャレンジし続ければ、「絶対に成長する」ことだけは断言できます。

「失敗したわけではない。それを誤りだと言ってはいけない。勉強したのだと言いたまえ」

これは、発明王エジソンの言葉です。数々の発明を世に送り出してきた彼は、その何百倍、何万倍もの失敗をしてきた「失敗の天才」だったとも言われています。

さらに、コスト計算や記憶など、苦手なこともたくさんあったそうです。

頭のいい人は脳を使いこなすことで、こうした苦手をも自身の能力に変えているというわけなのです。

脳については解明されていないことが多く、今でも未知の領域です。

長年、脳の働き、脳の使い方について研究を続けていますが、本当に奥が深いと感じます。

私は、「意識」や「心」「精神」「理性」「感情」「感覚」「霊魂」など、昔から人々が大事してきた存在を統合しているのが脳の働きであり、人間の可能性を広げる人生の司令塔であると考えています。

この「脳の働き」をいかに賢く使うことができるかで、あなたの人生の可能性は大きく変わります。

私が30年以上人間教育を実践してきた中で痛感していることは、すべての人が可能性の塊だということです。

あなたが今困難を感じて生きていても、孤独を感じていても、また自分の無力さを感じていてもまったく心配いりません。

あなたには、あなたの人生を開く〝脳〟というキャプテンがいるからです。

今日をあなたにとって新たな人生のスタートの日にしてください。

エピローグ　陽転思考で成功を引き寄せる

「引き寄せの法則」というものをご存知ですか？

マイナスのことを思えばマイナスのことが起こり、反対に、プラスのことを思えば、プラスのことが起こるというものです。

なぜ突然、スピリチュアルな話をし始めたのだろう、といぶかしげに思っている人もいるかもしれません。

しかしこれは、脳の仕組みで考えると、至極当然のことなのです。

マイナスのことを思えば、脳の働きもマイナスになるためマイナスのことが起こり、プラスのことを思えば、脳の働きもプラスになるためプラスのことが起こる。

「引き寄せの法則」は、脳が持つ磁石のような性質そのものです。

プラスのことを思えば、脳の働きがプラスになり、プラスのことが起こるのであれば、誰もがハッピーになれるはずです。

ところが実際はというと、多くの人が、かなりの苦悩を背負い、そのことで頭をいっぱいにし、悩みながら生きています。その意識がさらなる、困難を生み出していることもあります。

本文でも少しだけお話ししましたが、私は、「陽転思考」をお伝えする研修を行っています。

「陽転思考」というのは、「物事を太陽のように明るく転じてとらえる」思考法です。といっても、単にあっけらかんとしたプラス発想やポジティブシンキングなどとはいささか違います。単に元気に明るくという考え方ではありません。

「人生に起こるあらゆる出来事をあるがままに受け止め、感謝の心を抱きつつ、ベストを尽くして生きる」

これが「陽転思考」です。この思考を、日常に取り入れることによって、身の回りで起きること1つひとつがまったく違ったものになります。

もちろん「陽転思考」で生きたからといって、悩みや問題がすべてが消えるわけではありません。また、不可能なことがなくなるわけでもありません。

でも、問題の起きない、日々平穏無事なだけの人生では、かえってつまらないと思いませんか?

ドラマや映画の主人公が魅力的なのは、波瀾万丈な人生でありながら、起きた問題を乗り越えていく時に面白さと共感が生まれてくるからです。

これも1つの「陽転思考」です。

人生の可能性を開くのは、人生で起きる問題をまずは受け入れること。そのうえで問題にどう向き合うか、そして、「陽転思考」を身につけること。

それによって、物事のとらえ方が変わるため、結果として人生が大きく変わります。

みなさんの周りにいる、人生がうまくいっている人たちは、頭の中で「陽転」することを知っているということなのです。

「陽転思考」のポイントとして欠かせないのが、「感謝」です。

「ありがとう」という言葉、みなさんも日々使っておられると思いますが、この言葉の本来の意味をご存知でしょうか？

これは「雑阿含経《ぞうあごんきょう》」という「お経」の中に出てくる次のお話が元になっています。

お釈迦様が弟子の阿難《あなん》に対して、こんな質問をしました。

「阿難よ、お前に1つ質問がある」

「お釈迦様、何でしょう？」

「海の底に大きな亀がいると思いなさい。

その亀は、100年に1回、海の底から浮かび上がってくる。

ある時、海の上に大きな木の板が浮いていた。その木の板の真ん中には、直径が50センチくらいの丸い穴があいている。

さて質問だ。

海上に浮かび上がってくる亀が、その木の板の丸い穴から、たまたま頭を出す確率は、いったいどれくらいだと思うか？」

お釈迦様からの質問に対して、阿難は次のように答えました。

「お釈迦様、100年に1回海に浮かび上がってくる亀が、たまたま海の上に浮かんでいる木の板の穴に頭を入れる確率などゼロです。

そんなこと、できっこありません」

すると、お釈迦様はこうおっしゃったそうです。

「ほお、お前は、『こんなことはない』と言うのじゃな。

実は我々が人間としての命を授かるのは、それよりも確率が低い『ありがたい』ことなのじゃ」


今、こうして本を手にしてくださっているあなたも、そして、私も、こうして存在できているのは、お釈迦様の言う「ありがたい」状態だということです。

そんな尊い命の時間である「人生」を無為に過ごして生きるのは、犯罪ではありませんが、命のレベルから見れば「罪」であるかもしれません。

人生を味わい、生き切る。

それが、有り難い命、人生の過ごし方ではないかと思います。

「陽転思考」は、命が正しく生きようとするうえで、どんな状況、境遇になったとしても、その中で凛々として朗らかに生き、自分自身の才能を、自分と世の中に対して存分に使うものと言えるでしょう。

不平不満の中から、道が開けることはありません。

どんな些細なことでもかまいませんから、1つの成功事例をつくり、それを「よかった」と喜びの心で味わってみる。

自分自身を信じ、夢を持ち、ただ1回の命を生き切る覚悟をする。

その姿勢が、人生を輝かせるのだろうと思います。

「陽転思考」は、すべてを貫く生き方のエッセンスであり、脳の活力を高めるものでもあるのです。

おわりに

人間教育を本格的に初めて33年になります。

そして脳の開発を目的とした「アクティブ・ブレイン・プログラム」を開始して15年になります。

自分でも意図しないきっかけで始まったプログラムでしたが、これまで4万人超の方が受講され、その出会いの中で、私は無数の感動的な場面に立ち会うことができました。

この経験から私が強く感じたことは、「人には無限の力が宿っている」ということです。

失礼ながら、最初、「この人には無理かもしれないな」と思った方たちも、「アクティブメソッド」を学んで1日経ち、2日経つうちに、どんどん目覚ましい成長を遂げられるため、目を見張ります。

本書では、こうして様々な結果を出し続けている「アクティブメソッド」のプログラムの中から、一人でも取り組むことができ、それでいて効果の高いものをお伝えいたしました。

まさに実践の中で実証されているものばかりで机上の空論は1つもありません。できることから少しずつ、意識し、活用していただければ幸いです。

なお、本書の出版にあたって、本当に多くの方々のお力添えをいただきました。この場をお借りして、感謝の意をお伝えいたします。とくに、ランカクリエイティブパートナーズの渡辺智也さん、あさ出版の編集　星野美紀さんには最後まで面倒をおかけしました。

本書が、読者のみなさんにとって、人生を照らす一条の光になることを心から願ってやみません。

最後までお読みくださって本当にありがとうございました。

あなたの人生に幸多かれと祈ります。

小田全宏

著者紹介

小田全宏（おだ・ぜんこう）

一般社団法人アクティブ・ブレイン協会 会長
（株）ルネッサンス・ユニバーシティ 代表取締役

1958年滋賀県彦根市生まれ。東京大学法学部卒業後、（財）松下政経塾に入塾。経営の神様、松下幸之助翁の薫陶を受け、人間学を研究。1986年より人間教育の研究所を立ち上げる。1991年（株）ルネッサンス・ユニバーシティを設立し、陽転思考を基本理念とした講演・研修活動を展開。

2003年より画期的な能力開発の手法である「アクティブ・ブレイン・プログラム」を創始。受講生は4万人を超える。記憶力の大会で6連覇する卒業生を輩出するなど、その効果は高く、絶大な好評を博している。

また認定NPO法人「富士山を世界遺産にする国民会議（現在の「富士山世界遺産国民会議」）」を2005年に立ち上げ、運営委員長として2013年の世界遺産登録に尽力する。2019年より一般社団法人「ジャパン・スピリット協会」を設立し、日本の素晴らしい心を世界に発信する活動を開始。その他いくつものNPO法人を運営し、社会起業家としての活動を展開している。

『脳のしつけ』（サンマーク出版）、『新・陽転思考—前向きに生きるための77の知恵』（日本コンサルタントグループ）ほか、編著書多数。

一般社団法人アクティブ・ブレイン協会
HP https://www.activebrain.or.jp

頭《あたま》がいい人《ひと》の脳《のう》の使《つか》い方《かた》 〈検印省略〉

2020年 2 月 10 日 第 1 刷発行
2023年 9 月 1 日 第 3 刷発行

著 者——小田 全宏（おだ・ぜんこう）
発行者——田賀井 弘毅

発行所——株式会社あさ出版
〒171-0022 東京都豊島区南池袋 2-9-9 第一池袋ホワイトビル 6F
電 話 03 (3983) 3225（販売）
03 (3983) 3227（編集）
F A X 03 (3983) 3226
U R L http://www.asa21.com/
E-mail info@asa21.com

印刷・製本 （株）シナノ

note http://note.com/asapublishing/
facebook http://www.facebook.com/asapublishing
twitter http://twitter.com/asapublishing

ISBN978-4-86667-171-0 C2034